Digital Networks

Appunti di sociologia digitale

Giacomo Buoncompagni

sartoria *editoriale*

Digital Networks. Appunti di sociologia digitale
di Giacomo Buoncompagni

© 2021 Postmedia Srl, Milano

www.postmediabooks.it
isbn 9798539808730

La società digitale è interconnessione reticolare. Essa plasma la nuova morfologia sociale, potenzialmente senza spazio e senza tempo (Castells 2004, 2008) e coinvolge – senza più alcuna distinzione - gli ambienti *offline* e *online* (Rainie, Wellman 2012; Rogers 2013) della nostra vita. Nello specifico è *onlife* (Floridi 2014), - là dove realtà materiale e analogica e realtà virtuale e interattiva si incontrano - che l'ambiente vitale, relazionale, emotivo, sociale, comunicativo, lavorativo, economico assume nuovi significati. La triplice rivoluzione dettata dai Social Networks, da Internet e dal Mobile, infatti, non solo ha cambiato gli approcci ai valori e ai contenuti ma ha instaurato una democrazia digitale in un ambiente iper complesso dove gli utenti hanno la possibilità e la necessità di non restare osservatori passivi. Tale ambiente abbatte le barriere per la pubblicazione dei contenuti, i costi di produzione, permette di condividere esperienze, vissuti ed opinioni di qualunque natura praticando scelte apparentemente libere ed indipendenti. Ciò de-struttura i legami tra rappresentanti di consumo e di produzione assistendo ad uno spostamento dalla connotazione paternalistica ed unilaterale del "sistema sociale" (Parsons 1965) a favore di una "dittatura del dilettante" (Keen 2008). Il dilettante non solo diventa *prosumer*, un individuo che si co-produce e che è anche diretto consumatore di ciò che crea ma può contemporaneamente essere *influencer* di quei contenuti che vive e condivide in prima persona attraverso linguaggi, competenze e locuzioni tecniche differenti talvolta generando esperienze positive (Barker 2009; Fox, Purcell 2010), talaltra «paure incontrollate e speranze immotivate» (Ibidem: 61).

La Rete permette di appropriarsi simbolicamente del bene (Degli Esposti 2015) e la possibilità di personalizzarlo (Campbell

2006). Per stabilirne il valore, diventa cruciale la *spreadability* (Jenkins 2013) ed i *feedback* sottoforma di *like, cuori,* commenti ai *post* ottenuti tramite condivisione nelle varie piattaforme di *social networking*. Veniamo introdotti, pertanto, nella *cybercultura*, non un fenomeno nuovo, ma una evoluzione dei ruoli svolti e riconosciuti all'interno della nostra società contemporanea: «una caratteristica ampia, profonda e in costante cambiamento di qualsiasi cultura […] in cui […] i risultati hanno un impatto molto reale sulla nostra realtà vissuta (Degli Esposti 2012:2)».

La natura invisibile e ormai indivisibile dello spazio *onlife* (Floridi 2014) limita la consapevolezza delle risorse e delle informazioni che gli individui lasciano su tale cammino. In questo contesto la stessa nozione di dato acquisisce nuove valenze interpretative. Il dato e l'informazione, non sono più soltanto statici ma divengono in maniera fluida elementi "vivi" (Lupton 2015) per il fatto che vengono veicolati in internet da una moltitudine di differenti piattaforme digitali (Hands 2013). Pensare in termini di sociologia digitale significa problematizzare come l'impatto di strumenti, dispositivi e piattaforme inneschino un cambiamento anche nella vita quotidiana, nelle istituzioni e nei processi di definizione del sé.

Come si è visto, il presente volume entra nell'ambiente digitale con una sorta di lente investigativa e analizza oggetti e soggetti protagonisti del cambiamento.

La natura e il significato, la mente e il linguaggio dei nuovi media nel loro doppio ruolo di donatori di opportunità, facilitatori di lavoro e di relazioni a distanza, ma spesso anche legittimatori di forme violente di comunicazione-azione. Cambia lo stile comunicativo e cognitivo (Turkle 1995), il sé poliedrico e aumentato si trova in ogni luogo e in ogni spazio e viene costantemente coinvolto e travolto dalle possibilità di deriva societaria. Lo smartphone e le altre protesi moderne ci illudono che per "esistere" dobbiamo essere attivamente connessi e basare i nostri *account* sulle dinamiche e gli automatismi di *click* e *like* (Scaglioso 2019). I Big Data assumono un potere che sono gli stessi utenti, spesso inconsapevolmente, a delegare. Ogni spostamento palese o pseudo-anonimizzato lascia tracce di dati che seppur "puliti" o "rimossi" restano visibili al *luminol* della Rete. I contenuti infatti, una volta pubblicati, nello spazio digitale, hanno la possibilità di metter radici e restare a disposizione di chiunque. A servizio del visibile e dell'invisibile. Dell'immediato e del mediato. Del legale come dell'illegale. Dell'uso e dell'abuso.

La manifestazione virtuale del conflitto, ad esempio, sembra liberare l'immaginazione umana da qualcosa che era stato precedentemente represso nell'inconscio. In rete è possibile assumere identità diverse, soddisfare nuove esigenze senza considerare le regole sociali, culturali e legali. I limiti, l'autocontrollo e le normative legali-virtuali stanno svanendo. Il cyberspazio può trasformarsi in un "parco giochi" fraudolento, sensuale e violento (Douglass *et al.* 2006). Il potenziale pool di vittime cresce parallelamente al miglioramento del progresso tecnologico. Diffamazione, furto di identità, geolocalizzazione, invio di messaggi istantanei e chiamate telefoniche persistenti, informazioni personali - condivisione di foto e video privati e molti altri numerosi potenziali atti illeciti, ci portano a parlare di violenza al limite del terrore anche tramite social media e social network. L'attore abusante trova su questo terreno l'illusione di essere onnipotente e onnipresente nonché di normalizzare il fenomeno violenza estraniandosi e anonimizzando il suo passaggio. Le interazioni sono veloci "si stringe amicizia", "ci incontriamo per pochi secondi" credendo di "conoscersi" o essendo sicuri di potersi "eliminare" con un semplice click. Diveniamo deficitari nel leggere le emozioni, lasciamo "ferite" digitali senza costruire scelte responsabili e responsabilizzanti.

Finendo in un circolo vizioso difficile da dimenticare. Nello spazio virtuale i trasgressori - che spesso, al di fuori di esso, non penserebbero mai di commettere un crimine - sono convinti che Internet possa essere protetto da azioni differite; possa evitare testimonianze oculari e garantire l'anonimato, oltre a dare il giusto distacco dal senso di colpa. La realtà è che questa illusione distrugge realmente vite pubbliche e private di altri individui-utenti.

Ma non demonizziamo troppo, c'è un altro lato della medaglia in cui Internet rappresenta un universo di possibilità. Una protesi funzionale ed "aumentata", una finestra su un mondo. Su più mondi. Come la medicalizzazione della vita (Maturo, Conrad 2009) e le nuove possibilità di cura, assistenza, riabilitazione e prevenzione. Gli *health behaviors* auto-quantificabili (Wolf, Kelly 2010) e *self-tracked* (monitorati). Il supporto che la tecnologia fornisce nel miglioramento delle esperienze quale il "viaggio della speranza" migratoria che, seppur difficilmente inquadrabile totalmente in senso positivo o negativo, agisce nella sfera del benessere (psichico, cognitivo e fisico) (Lupton 2014; Anderson, Funnel 2010), nella gestione dell'urgenza e dell'emergenza.

Nel presente volume, pertanto, si levano le àncore dal porto sicuro e per certi versi si scardinano le (in)certezze. Ci ritroviamo davanti all'imprevedibilità del mare aperto tentando di comprendere come l'essere digitale possa non perdere il timone di uno spazio che sembra tanto uniforme quanto eclettico. Tra alta e bassa marea, natura e cultura si incontrano e si scontrano. E l'uomo digitale non può far altro che utilizzare l'intelligenza umana e l'intelligenza artificiale per far fronte alle sue vulnerabilità. Riuscire, nonostante tutto, ad essere resiliente. Trovare nuove modalità per raccontare e raccontarsi. Lanciare messaggi "non violenti", "etici", "colorati".

E guadando *onlife* tra simboli, numeri, risorse, dati è fondamentale essere il soggetto e non l'oggetto della *digital network* nella società post-pandemica.

Linguaggi, strategie ed effetti delle nuove tecnologie della comunicazione sono al centro della riflessione contemporanea.

Come si stanno trasformando le società, le culture, gli stili di vita con l'introduzione di questi nuovi strumenti? Come cambia la mobilità umana e il modo di fare informazione? Che ruolo ha il digitale nel mondo della salute e come la violenza si manifesta negli ambienti online? Come vengono narrate le emergenze in un mondo globale? L'avvento dei nuovi media influenza potenzialmente tutti gli aspetti dell'attività umana. Lavoro, economia, scuola, relazioni e comportamenti stanno gradualmente cambiando la loro fisionomia per effetto dell'introduzione delle tecnologie digitali, ma è ancora difficile intravedere l'esito finale di queste trasformazioni.

Attraverso le analisi proposte si cercherà di delineare uno scenario, anche se ancora piuttosto frammentato, di ciò che sta accadendo. Ricorre in questi interventi il riferimento a Internet e ai social media che di questa rivoluzione della comunicazione sono al tempo stesso la sintesi e l'applicazione più visibile.

L'ipertesto, il virtuale, il multimediale, l'interattivo, la trasparenza sono elementi che fanno parte del nuovo vocabolario utilizzato per descrivere lo scenario di interconnessione in cui viviamo e che comprendono tutto un insieme dilagante di nuovi mezzi di comunicazione e trasmissione delle conoscenze.

Tematiche a volte date troppo per scontate e non sempre sufficientemente e criticamente analizzate, le cui innumerevoli ricadute pratiche fanno intuire che riflettere su web e digitale significa affrontare un insieme vasto e complesso di questioni che vanno al cuore dell'organizzazione sociale e culturale dell'umanità.

In particolare il nostro percorso affronta il nesso tra le nuove tecnologie dell'informazione e la cyber-cultura, quest'ultima intesa come quell'insieme complesso che include la conoscenza, le credenze, l'arte, la morale, il diritto, il costume e qualsiasi altra capacità e abitudine acquisita dall'uomo negli spazi mediali.

La sociologia, in particolare quella digitale, sta acquisendo un'importanza sempre maggiore nel mondo della ricerca e delle scienze umane e sociali, offre visioni alternative e nuovi strumenti d'analisi, segnala le grandi trasformazioni della società, ma può anche richiedere cambiamenti nel modo in cui comprendiamo e studiamo la vita sociale.

Il digitale costituisce oggi un "fatto sociale totale", qualcosa in grado di influenzare e determinare un insieme di fenomeni coinvolgendo la gran parte dei meccanismi di funzionamento della comunità di riferimento.

Cultura, consapevolezza ed educazione ai media sono strumenti fondamentali per vivere la dimensione online-offline, sono tre parole chiave che accompagneranno la nostra analisi all'interno dei diversi scenari socio-culturali e politico-istituzionali pre e post-pandemici, in quanto sappiamo come sia impossibile trascurare gli effetti provocati dal nuovo virus, il Covid-19, dal 2020 ad oggi.

La storia umana è da sempre legata ai mezzi di comunicazione. Addirittura potremmo dire che sono quest'ultimi ad aver guidato l'evoluzione dell'uomo: mutando il medium, cambia la civiltà. A sua volta l'individuo, come agisce sulla società e su se stesso, agisce anche sui media, sulla cultura e viceversa.

Si definisce in questo modo quel legame uomo-media visto come *continuum* naturale, in grado di superare quelle interpretazioni "tecno-centristiche" che con McLuhan (1967) hanno caratterizzato la riflessione sui media. Per il sociologo canadese, infatti, i media sono da intendere come una sorta di "pelle del mondo" che riveste e plasma ogni cosa; McLuhan interpretava i media come vero e proprio agente patogeno capace di disorientarci e contagiare vaste zone della società. Per Derrick de kerchove (1991), suo erede intellettuale, i media non mutano solo i comportamenti umani, gli atteggiamenti e le relazioni, ma essi diventano a tutti gli effetti parte integrante del nostro cervello e del nostro corpo, provocando una trasformazione-estensione di questi, amplificando i vissuti emotivi e affettivi. È il corpo ora che si fa messaggio, trascendendo le differenze esistenti tra umano e tecnico.

Il sociologo britannico Roger Silverstone (2002) scriveva «le tecnologie emerse negli anni recenti (..) fanno cose nuove. Offrono nuove possibilità». L'informatizzazione e la digitalizzazione hanno reso dinamiche alcune categorie apparentemente immobili, come ad esempio il tempo e lo spazio.

Per quanto concerne il primo, esso appare più spinto sul presente, disinteressato a ciò che sarà e ciò che è stato: essere online, "stare nei media", significa vivere adesso. Lo spazio dell'azione si rimodella, diventa qualcosa di indefinito, perdendo le sue caratteristiche tradizionali e la sua stabilità ontologica.

Secondo Meyrowitz (1985), con i media elettronici, « le forme e le dinamiche della conoscenza sociale hanno sempre meno a che fare con lo strutturarsi dell'esperienza legata ai confini degli spazi».

Ciò che la Rete oggi rappresenta è prima di tutto un'esperienza, uno spazio di esperienza, un contesto esistenziale, diventato oggi parte integrante della nostra quotidianità. I media digitali però sono tutt'altro che "nuovi". Per definirli si usano generalmente cinque aggettivi: convergenti (tipi differenti di contenuti confluiscono in un unico supporto), distribuiti (i media digitali, a differenza dei tradizionali, non si presentano unidirezionali e centralizzati), ipertestuali (è possibile fruire dei contenuti in modo non lineare, intraprendendo un percorso personalizzato), sociali (creano e alimentano dinamiche sociali, es. Facebook, Twitter), interattivi (gli utenti hanno la possibilità di interagire direttamente con i contenuti).

Ora l'individuo non agisce più soltanto sul terreno della tangibilità, dell'offline, disponendo di molteplici opportunità di azione sociale, l'uomo della cultura digitale vive l'etereo, l'intangibilità, realizzando la propria esistenza virtuale.

Ciò avviene mettendo in atto tre tipi di operazioni: identificazione dell'utente con l'immagine utilizzata nella propria *homepage* (auto-rappresentazione), definizione del profilo online contenente tutte le informazioni personali come gusti, passioni e tendenze (auto- narrazione) e la produzioni di narrazioni condivise, tracce digitali che l'utente lascia di sé, accessibili a chiunque faccia parte del suo *network*.

Il pedagogista Rivoltella (2010) definisce queste nuove pratiche "retorica dell'esposizione", ossia la tendenza a mettersi in scena, a mostrarsi, secondo la logica dell'estroflessione (in medicina il ripiegamento di un organo o tessuto verso l'esterno).

È la cross-medialità a caratterizzare l'elemento fondamentale proprio dell'uomo digitale: il passaggio da soggetto passivo che storicamente sottostava ai contenuti *broadcaster*, a soggetto creatore di contenuti e quindi attivo, partecipante.

Si avvia un nuovo processo storico-culturale che potremmo definire "umanità mediale" (Ceretti, Padula 2016): assistiamo a una interazione e integrazione assoluta tra uomo e macchina, un percorso scelto ed intrapreso dall'individuo con una libertà spesso apparente.

È anche vero però, che l'uomo mediale non conosce ancora tutte le conseguenze delle sue azioni in Rete: può leggere commenti, prevedere marginalmente le ricadute di un suo *tweet*, ma non percepisce a pieno lo stato d'animo dei suoi interlocutori mediali al di là dello schermo.

Possiamo notare come, da un lato, si ampliano le opportunità di relazione e conoscenza, dall'altro, si assottiglia la naturale propensione dell'uomo al benessere interiore (sicurezza, controllo, certezza), con un alto rischio di perdita dell'orientamento che la vita materiale mette a disposizione.

È l'umanità a proiettare se stessa nei media, infatti in essi « ogni individuo può proiettare o vedere la propria visione di sé e della società» (Gordon *et al.*, 2011). L'online è spesso interpretato come luogo della manipolazione e di conseguenza i sinonimi maggiormente utilizzati, quando si parla di virtuale, sono quelli di menzogna e falsità. Definiamo questa conflittualità, inesatta e in parte superata, con l'espressione "dualismo digitale".

Non entriamo o usciamo da realtà separate, ma viviamo in uno spazio unico, costituito da bit ed atomi, e i nostri sé non sono scissi, ma formano piuttosto un sé aumentato.

La vita materiale e digitale si definisce come *continuum* esistenziale, gli stessi media digitali rappresentano scenari di esperienza che possono essere abitati e resi abitabili: anche l'abitare si inserisce nella visione dei media come proiezioni dell'umano.

Nello spazio virtuale l'uomo tende a "plusumanizzarsi", a radicalizzare cioè la propria umanità trascurando i filtri tipici della socialità tradizionale, consolidando le proprie posizioni e limitando opportunità di legame umano come l'accordo, il compromesso e la conciliazione.

Di conseguenza l'ambiente in cui l'individuo si troverà a navigare aderirà in modo sempre più armonico con la propria verità, sempre più confermata (Contu, Marcacci 2015).

La plusumanizzazione è intesa come un processo di abbattimento di alcune categorie innate dell'uomo (come la tolleranza, l'accoglienza dell'Altro, il riconoscimento, il rispetto) che va a definire l'online come opportunità esistenziale limitata e limitante che da un lato, tende a radicalizzare l'umano e dall'altro, lo limita nelle sue potenzialità.

Di fatto quella che viene a definirsi è allora una realtà diminuita nella quale l'uomo parzializza la propria umanità, le dimensioni online ed offline vanno lette su grandezze umane differenti, se avvicinate risulterebbero «la sommatoria e il prodotto combinatorio delle scelte umane» (Bauman, Obirek 2014).

Per questo l'umanità mediale ha bisogno di essere "media-educata". Viviamo le nostre esperienze quotidiane ormai completamente e continuamente immersi nel digitale.

Una realtà, quella virtuale, che difficilmente oramai possiamo considerare separata da quella fisica-sociale: non è più possibile parlare di online ed offline in modo del tutto distinto. I media e la Rete pervadono la nostra percezione della vita quotidiana in ogni suo aspetto: psico-sociale, politico ed economico, culturale ed educativo. Gli studiosi contemporanei di comunicazione descrivono i nuovi media come "sociali"o meglio come "parte di noi", come "prolungamenti" del nostro corpo e della nostra mente, amplificatori dei nostri sensi. Ed è questo nuovo status che ci permette di essere interconnessi con il mondo. Ecco che cosa sono i media sociali-digitali: tecnologie e pratiche che le persone adottano per accedere liberamente e condividere contenuti testuali, immagini, video e audio, gruppi di applicazioni basate su presupposti ideologici e tecnologici del web 2.0, che connettono mente, corpo, emozioni e nuove piattaforme, dove lo schermo del medium utilizzato diventa il vero centro operativo di interconnessione, di sviluppo e incontro di intelligenze collettive e connettive. Tutto accade con e nei media, restiamo continuamente connessi, a contatto con gli altri grazie alla natura interattiva dei media digitali. Ciò porta degli enormi vantaggi di carattere relazionale-comunicativo ed economico: possiamo determinare il flusso dei contenuti su più piattaforme, interagire in profondità scegliendo quello che vedere e usare, modificando nuovi contesti.

Viene a svilupparsi cosi una maggiore cooperazione tra pubblico attivo e industria dei media, i cui prodotti culturali diventano sempre più di nicchia, di cui il singolo individuo si appropria, ampliando cosi "l'esperienza della narra-zione". Costruire narrazioni significa partecipare, sviluppare nuove e ricche identità, o meglio ancora, significa capacità di estrarre dal flusso mediatico quei frammenti d'informazione che diventano risorse per la quotidianità.

Interazione, connessione e globalità sono caratteristiche dei social media che hanno cambiato anche il modo di fare informazione. Nasce a partire dal 2005 quello che venne definito *citizen journalism* (giornalismo partecipativo).

Un primo esperimento lo si deve al vicepresidente democratico americano Albert Gore che lanciò una nuova emittente televisiva con lo scopo di promuovere la partecipazione attiva dei giovani nel giornalismo.

La novità risiedeva nel fatto che non solo era richiesto un consumo dei programmi, ma anche selezione, realizzazione e distribuzione dei contenuti in tempo reale. Flussi di informazione in grado di raggiungere un numero elevato di fruitori. La trasmissione di un qualsiasi contenuto informativo è disintermediata, veloce, generata dagli stessi utenti iscritti ai numerosi social media. Il lavoro del giornalista professionista viene fortemente messo in discussione dalla natura digitale della comunicazione in cui siamo tutti improvvisamente (improvvisati) reporter con le nostre webcam accese.

Questo mutamento mette in evidenza anche il ruolo della "cittadinanza attiva" per quello che concerne il rapporto con le istituzioni, ma allo stesso crea una eccessiva e confusa informazione dove diventa più difficile comprendere "chi parla con chi" e "chi ascolta chi". Il terremoto che ha colpito il Centro Italia nel 2016 ha chiaramente dimostrato come, anche i social media, in contesti di crisi ed emergenza, siano divenuti piattaforme relazionali, spazi di presenza, con un ruolo investigativo e di comunicazione istantanea in grado di offrire al loro interno la possibilità di creare "luoghi contenitore" ad *hoc* destinati a segnalazioni, integrazione dell'informazione, inserimento di video-foto e contatti utili per le emergenze. In questo modo si è arrivati a parlare di "uso libero e democratico" dei nuovi media, anche se troppo spesso, dietro scenari di crisi, sembrano prevalere interessi economici che vanno a oscurare la missione sociale e l'interesse del cittadino a partecipare attivamente attraverso un suo contributo utile alla comunità. Con il digitale conoscenze ed esperienze si uniscono diventando cosi "forme alternative di potere", che si sviluppano e si fondono all'interno delle cosiddette comunità virtuali.

Le *virtual communities* sono spazi condivisi da gruppi di utenti che si aggregano in base ad interessi e obiettivi comuni, spazi sociali e culturali con dei criteri stabiliti dall'ambiente stesso, che inducono i frequentatori ad adottare certi comportamenti, come ad esempio iscriversi fornendo e condividendo alcune informazioni personali e rappresentando se stessi sottoforma di *avatar* (una proiezione dell'utente nello schermo). Questa è la grande rivoluzione nella società digitale, ma tale descrizione è fin troppo rassicurante, purtroppo non esiste solo il lato "eroico" delle nuove tecnologie.

Ogni cambiamento presenta subito il suo lato positivo e vantaggioso, nascondendo quello più oscuro ed è proprio quest'ultimo che ha bisogno di essere ben interpretato e sulla quale occorre seriamente aprire un dibattito circa un utilizzo etico e consapevole dei media, provando a coinvolgere giornalisti, docenti, educatori e soprattutto i giovani. I reconti casi di suicidio e violenza legati a un uso indegno e superficiale delle potenzialità dei social media, vedono purtroppo minori e donne come cyber-vittime e ci mostrano così l'altra faccia della tecnologia e il volto della crudeltà umana. Bisogna però precisare fin da subito che episodi violenti che prevedono modalità di utilizzo davvero preoccupanti e dannose dei social media non sono attribuibili esclusivamente alla natura e al potenziale interattivo dei media stessi, ma anche all'utilizzo irresponsabile e inconsapevole di tali strumenti da parte di ogni utente.

La riflessione dovrebbe concentrarsi innanzitutto su due aspetti: narrazione del Sé e trasparenza.

Nell'era della partecipazione tutto deve essere diffuso e ogni contenuto accessibile a chiunque. Decade completamente il concetto di *privacy* (così come lo avevamo inteso fino ad ora da un punto di vista socio-giuridico) e perdiamo la proprietà dei nostri dati personali e dei contenuti da noi creati, che diventano così pubblici, modificabili e condivisibili, spesso a nostra insaputa. Si passa da una società opaca a una più trasparente, incentrata su una dimensione esclusivamente pubblica della vita quotidiana, dove ogni pensiero ed azione non possono essere più essere nascosti.

A tal proposito c'è chi parla di social media come strumenti di manipolazione delle menti e dell'informazione, chi di chiaro esempio democrazia online (*e-democracy*), in quanto la trasparenza è troppo spesso intesa come sinonimo di maggiore qualità della vita sociale e politica.

"Raccontarsi e mostrarsi " nei media è diventata una pratica quotidiana di massa e i migliaia di *selfie*, pratiche di autoscatto che hanno sostituito la vecchia idea di fotografia, presenti su Facebook e Twitter, ce lo confermano. Esporsi dietro le "vetrine digitali" (schermi) dei nostri computer o cellulari si è trasformato in un bisogno umano utile a confermare o ricostruire un'immagine pubblica di sé, un'identità distinta e autonoma (Codeluppi, 2015).

Senza volerlo ci trasformiamo in "merce di scambio" (dati) che tutti possono osservare e valutare qualitativamente attraverso il *like*, nuova unità di misura piuttosto discutibile. Si è aderito cosi a una nuova cultura della fama che usa l'immagine di sé e il racconto pubblico, attraverso *post* e *tweet*, come strumenti per controllare, ripulire se stessi e costruire una reputazione sociale *low cost*.

Schiavi cosi della visibilità e della trasparenza rischiamo di perdere completamente non solo la capacità di tutelare dati e informazioni, ma di non riconoscerci più come individui razionali, dotati di emozioni, sostituite da ridicole e illusorie faccine gialle (*emoticons*).

Ogni azione come *like, sharing*, commenti in Rete, lascia delle "tracce del nostro Sé ", frammenti identitari che raccontano concretamente qualcosa di noi, ma che non possiamo controllare e dunque cancellare. Il sociologo belga Derrick de Kerchkove parla di "inconscio digitale": le persone, a nostra insaputa, conoscono tutto della nostra quotidianità grazie ai dati che lasciamo (in)consapevolmente online ogni volta che prendiamo in mano lo smartphone e condividiamo contenuti.

La pervasività dello schermo e il suo essere diventato protesi tecnica, esattamente come lo è stata la mano nel passaggio dell'essere umano alla posizione eretta nella sua evoluzione, sta creando una nuova realtà fatta di interconnettività, trasparenza, nuovi linguaggi e nuove forme di civiltà.

Muta cosi anche la percezione della realtà e quella di se stessi. Tale fenomeno rappresenta oggi la quotidianità e rientra in ogni aspetto della vita sociale; ciò può generare odio, invidia e trasformare un normale utente in una vittima del tutto inconsapevole, esposta ai giudizi di tutto il mondo connesso. E nell'era digitale, se è vero che tutto è trasparente e non cancellabile, questo può comportare delle conseguenze piuttosto serie a livello prima di tutto psicopatologico.

Casi mediatici come quello della giovane italiana Tiziana Cantone, morta suicida per un suo video *hard* diffuso in Rete o quelli inerenti la diffusione di contenuti che mostrano violenze sessuali o atti di bullismo, non possono essere banalizzati, sottovaluti o trattati come episodi isolati, in particolar modo se parliamo di contenuti che coinvolgono minori.

Attraverso i social media si triplica l'effetto della natura violenta dell'azione e la devastazione psico-emotiva di chi ne rimane vittima. La cyber-violenza fa riferimento ad azioni aggressive e intenzionali, eseguite, attraverso strumenti elettronici (sms, mms, immagini, foto o videoclip, chiamate telefoniche, *email, chat rooms, istant messaging,* siti web *fake,* offensivi e molesti), da una persona singola o da un gruppo, che mirano deliberatamente a far male o a danneggiare chi non può difendersi, spesso perché inizialmente inconsapevole e incapace di gestire emotivamente o psicologicamente il problema.

Cyber-stalking e cyber-bullismo sono esempi di tali forme di violenza, azioni criminali, spesso dietro anonimato, che sfruttano il potenziale del digitale e che si nutrono di pregiudizi razziali, politici sulla base dello stile di vita, delle scelte, dell'aspetto fisico della vittima. Internet non ha modificato l'essenza delle azioni violente, ma ha cambiato però la persistenza e l'amplificazione di queste. Ecco perché i professionisti dell'informazione, attraverso un racconto chiaro e responsabile, potrebbero contribuire a ridurre questi fenomeni evidenziandone rischi e pericoli, rinunciando a una narrativa sempre più spettacolarizzata, che mette al centro i carnefici e dimentica le vittime, spesso, solo per questioni di marketing giornalistico. Negli ultimi anni in particolare è emerso con urgenza un problema etico legato ai nuovi media, ai suoi linguaggi e alle forme di comportamento online.

Stiamo dunque scoprendo ora vantaggi e svantaggi, potenzialità e criticità del web. Oltre che sviluppare competenze digitali e abilità partecipative per essere *multitasking,* bisognerebbe ristabilire il valore delle relazioni sociali e delle emozioni che socialmente sono ancora la vera essenza della vita umana per un rapporto sereno e rispettoso dell'Altro, questioni profonde che online rischiano di essere banalizzate o peggio ancora dimenticate.

Ma siccome "i media siamo noi" e online ed offline sono uno spazio reale e interconnesso (unico-aumentato), siamo noi i responsabili di questa "missione digitale": educare ad uso consapevole e produttivo dei nuovi media.

I media sono una parte imprescindibile della nostra quotidianità.

Tutto accade con e nei media, restiamo continuamente connessi, a contatto con gli altri grazie alla natura interattiva dei media digitali: gli individui hanno "preso in mano" i media, scrive l'antropologa Mizuko Ito.

Questa condizione antropologica genera enormi vantaggi di carattere relazionale-comunicativo ed economico: possiamo determinare il flusso dei contenuti su più piattaforme, interagire in profondità scegliendo quello che vedere e usare, modificando o creando nuovi contesti.

Si sviluppa così una maggiore cooperazione tra pubblico (ora più attivo che mai) e industria dei media.

L'analisi di alcuni psicologi della comunicazione non sembra fornire uno sguardo così fiducioso e costruttivo nei confronti delle nuove tecnologie definite "macchine in grado di plasmarci", oggetti che ci portano a condurre "vite parallele in mondi virtuali" e a scoprire un "nuovo e perverso senso del luogo" (Turkle, 2012).

La tecnologia divenuta la nostra compagna di vita, è l'oggetto da amare e curare, l'"architetto della nostra intimità", uno strumento che ci offre l'illusione della compagnia e allo stesso tempo rafforza le nostre insicurezze, portandoci ad evitare le vere relazioni sociali ormai così complesse e impegnative (ricordiamo ad es. il mondo virtuale di *Second Life*).

L'accesso al web è la nostra vera casa: il luogo della speranza nella vita. Vi è un aspetto che senza dubbio troverebbe d'accordo noi tutti in questo preciso momento storico: c'è un problema ancora aperto che andrebbe al più presto preso in considerazione e cioè quello riguardante l'etica dei media digitali.

Si prospetta la necessità di elaborare e diffondere un nuovo modello di "alfabetizzazione mediatica" che significa acquisizione di nuove abilità tecno-comunicative, in maniera cosciente e non finalizzate semplicemente a soddisfare bisogni sociali ed individuali.

Nell'era della partecipazione la tecnologia non può continuare a essere circoscritta solo come "conoscenza profonda della natura", riprendendo il pensiero del filosofo Walter Benjamin.

Nella società connessa il linguaggio rimane lo strumento più potente a disposizione dell'essere umano, sia che esso rientri in una comunicazione verbale, non verbale o mediata.

Il linguaggio fa parte di noi, della nostra struttura biologica e con il tempo, imparando a controllarlo, costruiamo la nostra percezione della realtà e le stesse relazioni sociali. Nella cultura pre-digitale, ad esempio, il libro manteneva un valore socio-culturale e lo stesso controllo del linguaggio era sempre privato; con i media digitali tale controllo si fa pubblico.

"Il medium è il messaggio" affermava uno dei più grandi teorici della comunicazione, il sociologo Marshall McLuhan. La sua frase è ormai diventata quasi un detto popolare, ma secondo lo scrittore americano Nicholas Carr, McLuhan non stava solo riconoscendo e celebrando il potere della nuova tecnologia, ma stava anche lanciando un monito circa la minaccia che questo potere rappresenta nello spazio pubblico. Tv, internet e i loro effetti sul comportamento umano sono tematiche ancora oggi protagoniste nel dibattito sociologico tra i tecno-entusiasti e i tecno-pessimisti, coloro cioè che celebrano l'innovazione digitale e chi invece la critica fortemente. I prodotti tecnologici non sono buoni o cattivi, in quanto è il modo in cui vengono usati che determinano il loro valore, ma in qualche modo influenzano comunque le nostre relazioni, i nostri pensieri, le nostre emozioni e la scienza sembra confermare questi mutamenti psico-fisici.

Nel suo libro "Internet ci rende stupidi", il giornalista Nicholas Carr sottolinea come la nostra mente sia completamente cambiata negli ultimi anni e la prova schiacciante, sta proprio nel modo in cui pensiamo e leggiamo, o meglio, nel nostro rapporto oggi con il libro e qualsiasi forma di testo scritto su carta. Immersi nel digitale e nel veloce flusso informativo non pensiamo più come prima, si fa difficoltà a concentrarsi per lungo tempo su un racconto scritto per comprendere meglio il suo contenuto.

L'immersione nei testi oggi è diventata " una lotta", scrive Carr. Si dà un'occhiata veloce al contenuto, si ha poca pazienza nel soffermarsi sul significato di alcune parole, si evitano lunghi ragionamenti ricchi di sfumature perché quasi innervosiscono, insomma stiamo assistendo ad un deterioramento della capacità (in particolare di molti bambini) di lettura e concentrazione.

Per lo scrittore americano la causa sembra essere proprio il web che ci ha tolto la capacità di pensare in maniera lineare e critica, attivando un processo di riprogrammazione della nostra attività cerebrale che coincide con quelle pratiche quotidiane che riguardano ormai tutti noi e non solo i cosiddetti nativi digitali (i cui tempi di attenzione sono sempre più brevi). La ricerca di più contenuti nello stesso momento, lo *zapping* da un sito all'altro, il dialogo costante all'interno dei social network, i *link*, i *click* continui su simboli che segnalano il nostro apprezzamento o disgusto verso qualcosa o qualcuno, sostituendo emozioni e la capacità di esprimere in forma scritta e orale il nostro pensiero, sono solo alcuni esempi. Marc Prensky, esperto nel campo dell'educazione, sostiene la tesi di Carr e ha aggiunto che la tecnologia plasma ciò che vediamo e come lo vediamo, alterando reazioni sensoriali o le forme di percezione.

Il vero rischio è che viene a perdersi il vecchio pensiero e quel processo mentale lineare, cosi la nostra mente, calma e concentrata, rischia sostanzialmente di essere sostituita da un altro cervello: la Rete. Ciò che si verifica è un adattamento cognitivo e comportamentale dell'individuo a un nuovo contesto e alle caratteristiche dei media e dello spazio virtuale. La neurobiologia conferma che leggere un testo online e uno cartaceo, ad esempio, è un processo completamente differente in quanto richiede azioni fisiche e stimoli sensoriali diversi.

Ogni lettura è infatti "multisensoriale" ed è data dall'esperienza della materialità senso -motoria di un testo scritto e l'elaborazione cognitiva del contesto testuale. In altri termini, il passaggio dalla carta a uno schermo influenza il modo in cui ci orientiamo e anche il grado di attenzione che dedichiamo ad esso: i vari *link*, presenti in ogni testo in Rete, ci incoraggiano ad entrare ed uscire di continuo da più testi e questo perché ci attrae l'idea di vedere cosa nasconda quel collegamento, ma allo stesso tempo quest'ultimo ci distrae completamente dalla lettura e dal ragionamento.

Derrick de Kerckhove, riconosciuto come l'erede di McLuhan, espone la sua tesi al riguardo in un saggio non più cosi recente intitolato "La pelle della cultura". Il sociologo riconosce questi cambiamenti, ma dimostra come già la televisione avesse in qualche modo minacciato la nostra autonomia di pensiero e ragionamento critico, acquisiti attraverso la lettura e la scrittura, perché capace di "massaggiare" la nostra mente, di accarezzarci, rendendoci inermi.

Nel leggere un testo cartaceo siamo noi che osserviamo i libri e abbiamo cosi la situazione sotto controllo, ma quando guardiamo la tv o un tablet è lo schermo che legge noi. Il contatto oculare fra uomo-macchina comporta l'abbassamento delle nostre difese e questo ci rende sensibili ad una "seduzione multisensoriale", per questo i bambini cresciuti davanti al televisore e non abituati ad una costante lettura dei libri, guardano le cose in maniera superficiale lanciando rapide occhiate tra una pagina e l'altra di un testo. Un impatto cognitivo importante dettato da rapide risposte neurofisiologiche.

Il bambino non allenato percorre il testo in modo ordinato creando e immagazzinando immagini, ma relazionandosi esclusivamente con lo schermo, si ritrova davanti frammenti di immagini veloci e differenti e ricostruisce cosi l'oggetto della visione, spesso senza produrre un senso (ma solo immagini appunto).

E.R. Slopek, studioso di comunicazione, parla a tal proposito di "crollo dell'intervallo" fra stimolo e risposta: internet e tv eliminano "l'effetto di distanzi azione" (intervallo stimolo-risposta) e il tempo di rielaborazione dell'informazione nella nostra mente cosciente. La tecnologia è uno strumento di cui non possiamo fare a meno ed è ancora lontana, per motivi soprattutto economici, dalla maggior parte delle scuole italiane ; inoltre molti docenti non sono esperti nell'utilizzo dei nuovi mezzi di comunicazione per la didattica online e si resta cosi aggrappati ai vecchi metodi che ovviamente non possono più funzionare allo stesso modo per molti dei cambiamenti sociali e antropologici prima in parte illustrati.

La pandemia globale di Covid-19 che ha travolto ogni aspetto della nostra vita quotidiana, a partire da febbraio 2020, ha fatto emergere il divario digitale presente nel mondo scolastico in Italia.

Il termine *digital divide* sta ad indicare il divario esistente tra chi ha accesso effettivo alle tecnologie dell'informazione (in particolare *personal computer* e internet) e chi ne è escluso, in modo parziale o totale.

Le cause di tale esclusione comprendono diverse variabili: condizioni economiche, livello d'istruzione, qualità delle infrastrutture, differenze di età o di sesso, appartenenza a diversi gruppi etnici, provenienza geografica.

Oltre alle difficoltà di accesso reale alle tecnologie, la definizione include anche disparità nell'acquisizione di risorse o capacità necessarie a partecipare alla società dell'informazione (Castelss 1998; Calderaro 2006; Gui 2009).

Ne deriva una esclusione dai vantaggi della società digitale.

La scarsa competenza tecnica nell'utilizzo dei nuovi media da parte del corpo docente o il mancato possesso di un computer dotato di connessione e *software* adeguati per la didattica a distanza, ostacolano non poco la possibilità da parte degli studenti di apprendere in maniera adeguata e di rimanere in contatto con insegnanti e compagni, generando così un vero e proprio senso di esclusione sociale e culturale da un ambiente che di fatto è uno "spazio di vita" per noi tutti dove pensieri, relazioni, impressioni, percezioni ed emozioni diventano pubbliche e si concretizzano all'interno di un mondo senza confini.

Mentre prima ogni nostra esperienza e pratica quotidiana era regolata dal tempo e dai confini geografici, oggi questo dipende totalmente dalle nostre condizioni psico-emotive, dalla tecnologia e dalle nostre menti interconnesse.

Soffermiamoci ora un attimo sul tema delle emozioni nell'era della trasparenza.

Ad esempio, la vergogna è un'emozione antica che caratterizza l'essere umano, ma che rischia nell'era digitale di scomparire.

Il continuo relazionarsi attraverso lo schermo, l'assenza di un contatto vero e sincero con l'interlocutore, sono aspetti che vanno a rafforzare quella barriera emotiva già in parte presente nella comunicazione umana, se l'individuo non conosce cosa e chi ha di fronte è portato prima di tutto a chiudersi.

Identità sempre più fluide le nostre, informazioni e azioni false ed auto-celebrative nei social network, linguaggi d'odio utilizzati come strumento di "legittima difesa", la Rete rischia di strutturarsi come un ambiente sempre più tossico dove ognuno sceglie cosa dire e cosa guardare, senza nessuna etica, nessun limite, nessun senso della vergogna.

Non guardiamo più al mondo per imparare, per sapere o emozionarci, ma per essere apprezzati dagli altri, cerchiamo di catturare il mondo che ci circonda per ingabbiarlo.

Ricominciare a vergognarsi per ciò che a volte pubblichiamo in Rete, avere perlomeno dei dubbi su quello che stiamo scrivendo o commentando, è un nostro dovere, una responsabilità per spingere tutti noi verso una nuova modalità di comunicazione e convivenza pacifica, rispettosa, online ed offline, utilizzando in modo intelligente parole ed immagini.

Vogliamo a tutti i costi essere o diventare qualcuno o qualcosa, ma non ci riusciamo ed è a quel punto che emerge la vergogna: non ci si accetta per ciò che si è in realtà e ci auto-costruiamo e ci auto-celebrifichiamo online, dove è tutto molto più comodo e veloce, dove non ci sono attese e limitazioni di nessun tipo.

Quando si prova vergogna si innesca un'analisi di se stessi, ma non attraverso il proprio giudizio, bensì attraverso quello che si pensa siano i pensieri degli altri su di sé.

La Rete ha reso tutto più semplice e immediato, essere micro-celebrità è ormai un percorso semplice da intraprendere, quasi doveroso. Perché in Rete non conta solo esserci, ma chi ti trova, chi ti osserva, che ti "segue".

L'Altro definisce noi stessi oltre lo schermo.

La reputazione negli ambienti digitali è una questione seria attualmente, perfino le aziende che vogliono assumere ogni giorno visitano profili online dei candidati prima ancora di sfogliare il curriculum cartaceo.

La nostra percezione della realtà riguarda tutto il corpo e tutti i nostri sensi che si trasformano in "estensioni tecnologiche" legate non al mio punto di vista, ma al mio "punto di stato" (de Kerchove, 1991). Il mio immaginario da soggettivo diventa oggettivo, parte quindi di una realtà nuova e pubblica, costituita da inedite e ricche identità interconnesse che gestiscono continui flussi comunicativi.

Proprio questa è la forza delle nuove tecnologie: l'interattività che stabilisce scambi continui e intimi di energia tra mente, corpo e ambiente globale.

Il passaggio dalle pagine allo schermo, dall'offline all'online, dal corpo alla mente, dalla dimensione fisica a quella ipertestuale (che diventa il vero centro operativo), provoca una estensione della mente e quindi un "Io esteso", un'identità allargata. In questo modo i media digitali modificano l'esperienza, le narrazioni e i legami sociali, generando un' "intelligenza connettiva"che condiziona le nostre risposte sul piano psicologico, sociale e culturale.

I nuovi media si configurano come ambienti intermedi che hanno accesso alla nostra psiche privata e fanno da ponte con il mondo esterno, annullando il senso delle frontiere geografiche e i confini tra identità locali e globali.

L'uomo e il mondo intero stanno attraversando un profondo mutamento in seguito allo sviluppo delle nuove tecnologie a volte utili, a volte incontrollabili, demonizzate e divinizzate, in grado di condurci alla totale frammentazione o a una nuova globalizzazione tecno-culturale.

Quello che è certo è che con il digitale si è creato uno spazio nuovo, culturalmente inedito, dove l'idea di *privacy*, di relazione e di emozione cambiano continuamente, perché si evolvono e si estendono (virtualmente parlando) la nostra mente e i nostri sensi.

Siamo individui interconnessi e visibili che tentano, attraverso la tecnologia, di "eternizzarsi" e di rendersi unici e perfetti, protagonisti attivi, produttori e consumatori di contenuti mediali, raccontando, raccontandosi, esponendo ed esponendosi attraverso uno schermo.

"Un nuovo umano si sta formando", potremmo dire citando de Kerckhove. Ma sta nascendo un individuo in grado di raggiungere una "saggezza digitale"?

Rispondere a tale quesito è il nuovo obiettivo oggi per giovani e adulti, studenti e insegnanti, genitori e figli.

Le nostre parole, le nostre scelte, i nostri pensieri, tutto oggi nasce e si diffonde in una dimensione sociale completamente pubblica e trasparente.

Non solo, la nostra vita rischia anche di essere condizionata da un motore di ricerca o da un social network, più precisamente da numeri, da strutture di dati, da una grandissima quantità di informazioni che registrano e rappresentano tutto ciò che riguarda i nostri gusti, valori e comportamenti.

Sono i cosiddetti *big data*: milioni e milioni di informazioni che guidate dal sistema algoritmico, alla base del web, intercettano, seguono e memorizzano ogni nostro movimento online.

Unire le potenzialità di big data e small data è, secondo molti esperti, la sfida del futuro.

Prima di capire come vincere questa sfida, è necessario definire cosa si intende per big e small data.

La definizione di big data è legata alle tre caratteristiche che il dataset deve avere, ovvero la regola delle 4V:

- ° volume: nel *dataset* devono essere presenti grandi quantità di dati, nell'ordine degli *zettabyte*;

- ° varietà: i dati provengono da fonti eterogenee, quindi hanno natura diversa e non strutturata. Oltre che valori numerici possono essere comprese immagini, parole, video;

- ° velocità: si riferisce alla velocità con cui i dati vengono generati, svolgendo l'analisi in tempo reale

- ° veridicità, in riferimento all'attendibilità della fonte di provenienza dei dati analizzati.

Per small data, invece, si intende una quantità di dati abbastanza piccola per essere compresa da un essere umano.

Il volume ridotto di informazioni da processare rende il *dataset* informativo e azionabile.

I big data tipicamente sono utilizzati per capire le correlazioni tra grandi insiemi di dati, trovare le dipendenze e prevedere i futuri comportamenti.

Il punto chiave è quello di trovare un modo corretto per analizzarli, selezionare le informazioni rilevanti e da queste trarre poi delle conclusioni. Queste conclusioni acquisteranno valore per il business solamente se saranno inerenti al business stesso.

Partendo da questo presupposto gli small data svolgono alla perfezione questo compito, in quanto sono informazioni che provengono per la maggior parte dall'interno dell'azienda, o comunque uno spazio ridotto e controllato, e non dall'ambiente esterno.

Da questo punto di vista gli small data possono essere considerati come un *dataset* con attributi molto specifici, il quale può fornire informazioni più dettagliate e puntuali rispetto alle informazioni che si potrebbero ottenere analizzando una mole di dati maggiore. Un aspetto da non trascurare è quello relativo alla tecnologia e alle competenze necessarie per l'analisi dei big data, che in molti casi non sono presenti in azienda soprattutto se non di grandi dimensioni.

Queste mancanze potrebbero portare ad esiti non positivi, ai quali è possibile ovviare solamente realizzando investimenti adeguati e sviluppando specifiche professionalità.

Ne risulta che per molte organizzazioni è difficile trarre dai big data informazioni rilevanti per il proprio business, al contrario gli small data possono essere immediatamente disponibili e fruibili. Ad esempio, possono ricadere in questa casistica tutti i dati presenti nel CRM aziendale.

In più gli small data sono focalizzati sul cliente finale con un *fit* perfetto, rendendo le azioni di *data driven marketing* ancora più efficaci.

Date queste premesse nasce spontaneamente una domanda: i big data sono veramente utili alle imprese e ai cittadini/consumatori?

Per la loro struttura i big data conserveranno e avranno sempre la capacità di spiegare perché un fenomeno sta accadendo, connettendo fonti e tipologie diverse di dati e trovando un modo per collegarle insieme.

Questo approccio consente all'impresa di avere uno sguardo sull'ambiente esterno, per capire i nuovi trend, trovare potenziali clienti e poter formulare nuove proposte di valore. Per capire invece cosa sta accadendo, gli small data sono lo strumento più adatto, poiché permettono di porre maggiore attenzione ai particolari. Per riuscire a combinare insieme le due tipologie di approccio all'analisi dati vi sono nuove tecnologie che si occupano di trasformare i big data in *dataset* più piccoli e maneggevoli, in modo da poter essere facilmente analizzati e organizzati e ricavare informazioni rilevanti.

Di fatto, uno dei pericoli in cui si può incorrere nell'utilizzo dei big data è quello di non riuscire ad attuare in tempo le informazioni che ne sono state ricavate, rischiando così di avere un impatto negativo sul business. Un punto di vista differente sugli small data è quello dato da Martin Lindstrom, consulente di *branding* e neuromarketing, secondo cui l'osservazione dei comportamenti delle persone, delle loro azioni quotidiane e di routine possa svelare molte informazioni riguardo i loro processi decisionali. Come spiega lo stesso Lindstrom, mentre i big data forniscono una quantità infinita di informazioni impersonali utilizzate per predire gli orientamenti futuri dei business e dei brand, soltanto dati individuali e unici provenienti da singoli esseri umani possono rivelare la verità e portare ad una vera comprensione della realtà, generando in questo modo indizi emozionali che non riescono a essere prodotti dai big data.

Molte volte secondo Lindstrom un'intera popolazione può essere compressa in un piccolo segnale, che diventa sensato solamente se viene contestualizzato secondo i paradigmi culturali a cui appartiene.

A supporto delle potenzialità degli small data, secondo Lindstrom almeno il 60% delle più grandi innovazioni di sempre sono state create con l'utilizzo di questi, dalla creazione di Snapchat sino alla scoperta dei Post-it.

Dire che i big data hanno perso di interesse e che il prossimo *trend* rilevante per il business sarà basato sugli small data non è corretto. Il futuro vedrà un'integrazione tra big e small data, dove le lacune di un approccio saranno colmate dall'altro, anche grazie a nuove tecnologie di analisi che renderanno gli strumenti di *data driven management* sempre più accessibili, permettendo alle imprese di coinvolgere tutte le funzioni aziendali, dalla produzione alle risorse umane, dagli acquisti al marketing.

Dunque le nostre informazioni personali sono a rischio compravendita e queste macro-informazioni sono rese disponibili grazie al digitale.

Il problema che sta emergendo via via è quello della vulnerabilità dei singoli cittadini o, peggio ancora, la rinuncia alla libertà in nome di una maggiore sicurezza (personale e nazionale). Ad esempio, Vault 7 è il nome che *Wikileaks* ha dato ad un particolare dossier reso pubblico pochi anni fa e che ancora una volta mette in risalto il tema della *privacy* e della sicurezza nell'era digitale, dei big data, della trasparenza e della "Cia che spia", operando principalmente da Langley, Virginia e da Francoforte.

La CIA, acronimo di *Central Intelligence Agency*, è un'agenzia di spionaggio civile del governo federale degli Stati Uniti d'America chiamata a ottenere e analizzare informazioni sulla sicurezza nazionale provenienti da tutto il mondo.

I big data, oltre che strumento di marketing, sono ormai a tutti gli effetti mezzi strategici militari e d'intelligence. La sicurezza informatica (*cyber-security)* vede aziende di primo piano nel campo dell'ICT e della sicurezza, impegnate contro un esercito di malintenzionati e truffatori.

Ma cosa desideriamo veramente più *privacy* o maggiore sicurezza?

Emergono e si intrecciano sentimenti come l'indignazione e lo stupore di fronte ad un comprovato stato di sorveglianza fino ad ora inconsapevole e globale, capace di spiare ogni cosa, attraverso tv, cellulari e frigoriferi di ultima generazione.

Intelligence e servizi segreti a parte, la trasparenza oggi è comunque una realtà che chiaramente riguarda tutti noi e che, al di là del ruolo sociale, influenza le nostre parole, le nostre scelte, i nostri pensieri: tutto oggi nasce e si diffonde in una dimensione sociale completamente pubblica, quindi a rischio sorveglianza.

Essere consapevoli di questo e iniziare ad utilizzare i social network e il web in generale in maniera più responsabile, non inserendo per puro e semplice passatempo migliaia di informazioni personali, per avere più attenzioni e consenso è fondamentale, è un gesto di consapevolezza, responsabilità e, in qualche modo, di autodifesa.

Quello che finisce nei social media, rimane nello spazio virtuale, appartiene alla piattaforma stessa e ai suoi creatori, non siamo (più) noi i proprietari di quei dati e non sempre siamo consapevoli di questo e delle conseguenze che quel tipo di operato può provocare.

Non lasciamo gestire le nostre vite a una macchina, i media e il web siamo noi, tutto dipende dalla nostra conoscenza e utilizzo del web. Siamo noi i protagonisti, non le strutture numeriche: essere consapevoli di vivere nella trasparenza e lo "stare nella Rete" in modo intelligente ci aiuta a tenere gli occhi aperti.

La violenza è una categoria dell'agire e del comportamento che fa parte dell'esperienza comune dell'essere umano, caratterizza spesso l'interazione che si fonde con emozioni come l'odio e il disprezzo, finalizzate al disconoscimento dell'Altro.

All'interno dei contesti sociali si caratterizzata come oppressione relazionale durevole e immutabile nel tempo, dove si fanno uso di strategie comunicative e comportamentali che mirano al totale controllo della vittima facendo perno appunto sull'oppressione.

Se poi la violenza evolve e va intrecciarsi con fenomeni criminali specifici e complessi, ad esempio quello del terrorismo, l'analisi si amplia ancora di più.

Ciò avviene in particolar modo se si riconosce che, all'interno di tali categorie dell'agire umano, il processo di comunicazione-relazione ha un ruolo preponderante che è necessario analizzare e riconoscere.

Le relazioni tra individui sono elementi basilari per la vita sociale. Sempre più spesso capita però che i due attori sociali comunicanti non condividano totalmente gli stessi significati nel codificare e decodificare lo stesso messaggio per cause culturali, linguistiche e psico-sociali.

All'interno di queste situazioni si verificano fasi di incomprensione, di assenza di *feedback*, generando cosi una condizione di "asimmetria"nella relazione tra gli attori sociali. La condizione di asimmetria genera quell'oppressione relazione che contraddistingue e può facilitare il verificarsi di comportamenti violenti.

La definizione di violenza fornita dal sociologo italiano Luciano Gallino è quella di "forma estrema di aggressione materiale compiuta da un soggetto individuale o collettivo, consistente nell'attacco fisico, psicologico intenzionalmente distruttivo, recato a persone o cose, che rappresentano un valore per la vittima o per la società in generale".

Generalmente la storia ci ha rappresentato la violenza come la risultante di un conflitto tra individui o gruppi. Il sociologo e criminologo americano Randall Collins, dopo il tragico attentato dell'11 settembre negli Stati Uniti, formulò un nuovo paradigma della violenza, quello di "violenza contemporanea", prendendo proprio l'11 settembre come "data zero" di riferimento.

Per "violenza contemporanea" Collins (2008) intende una nuova forma di violenza che caratterizza la società contemporanea e che è frutto, non di conflitti a priori, ma di mutamenti sociali, culturali comunicativi all'interno di nuovi contesti, senza tralasciare il ruolo dei media e i loro contenuti violenti, lo stile di film, serie tv, TG d'informazione, che puntano direttamente, senza limiti e tutele, ad attrarre l'attenzione dello spettatore con immagini cruente mescolando realtà e finzione. Il "processo di civilizzazione", l'evoluzione della società, i nuovi media elettronici e digitali, il fenomeno della globalizzazione, i cambiamenti politico-economici hanno fortemente influito sulle interazioni umane, cambiando radicalmente il modo di relazionarsi e di comunicare, di costruire e percepire la propria identità e realtà.

Questo nuovo contesto però, afferma Collins, ha portato l'uomo ad evolversi "psicologicamente" in maniera da acquisire una "propensione neurologica" a evitare lo scontro fisico. Ciò avviene a causa di quella che il sociologo chiama la "barriera emotiva della paura e dello scontro". L'aggiramento della barriera emotiva è però possibile soffocando l'empatia e concentrandosi esclusivamente sul soddisfacimento dei propri bisogni, relazionandosi con altri individui con finalità strumentali, creando un legame asimmetrico di potere con l'Altro che mette in crisi quell'"energia emozionale" che nasce con l'interazione.

Nello specifico il sociologo individua cinque situazioni violente, facendo riferimento in particolare al fenomeno del terrorismo contemporaneo :

° *attaccking the weak*: attaccare una persona debole e indifesa (es: bulli, rapinatori, sequestratori ostaggi);

° *scontro tra combattenti disciplinati da regole e rivolto ad un pubblico di spettatori*: il pubblico qui ha una forte influenza nella durata e nel livello di violenza dello scontro, chi combatte si concentra più sull'audience che sullo sfidante;

° *conflitto tra individui che si colpiscono a lunga distanza*: la distanza fisica favorisce il superamento della tensione e della paura (es. omicidi per terrorismo);

° *uso strategico dell'inganno*: la vittima non conosce il reo e le sue intenzioni (terrorista suicida);

° concentrarsi sul "gesto tecnico violento" e sull'arma utilizzata invece che sulla vittima (tipico dei cecchini). In queste situazioni, l'individuo riesce ad esercitare la violenza "aggirando l'ostacolo dell'emotività" e vincere la paura in quanto, sostiene Collins, non si innesca nessuna tensione e adrenalina nell'assassino che riesce a fluire con maggiore calma, evitando di ridurre la sua lucidità.

I soggetti violenti sono coloro che riescono ad aggirare la tensione e la paura generata dal confronto e trasformare questa "situazione emozionale" in un vantaggio per loro stessi e in uno svantaggio per l'avversario.

I nuovi media e i nuovi linguaggi della comunicazione digitale hanno un forte peso su questo mutamento del fenomeno violenza.

Le attuali forme di comunicazione non hanno prodotto solo effetti sociali positivi, ma sono diventate anche strumenti che in parte hanno alimentato e supportato il mercato della violenza, intesa come violazione delle norme sociali.

I giovani e adulti, ad esempio, conoscono perfettamente lo spazio digitale in cui si muovono costruendo identità multiple, eppure sarebbero incapaci di distinguere reale e virtuale, disposti ad accettare la fine della dimensione privata, che inconsapevolmente e paradossalmente, tengono però in vita agendo tramite false identità in rete, spesso incarnando ruoli di carnefice e/o vittima (Padula, Cerretti 2016).

La possibilità di utilizzare facilmente i media sociali e digitali per poter interagire con gli altri, moltiplica automaticamente i messaggi che ciascun individuo produce di sé.

Gli adolescenti invece di agire per ottenere la *privacy*, limitando cosi la visibilità dei contenuti *on-line* e delle loro azioni nelle piattaforme social, sviluppano altre strategie per ottenerla in pubblico.

Il fenomeno del *selfie,* l'abitudine cioè di scattarsi foto con il proprio smartphone diffondendole pochi secondi dopo nel *web*, è una delle nuove pratiche di massa e strategie di "vetrinizzazione sociale" (Codeluppi, 2015), che costituiscono un modello comunicativo basato sulla spettacolarizzazione e sull'esibizione del proprio fascino esteriore.

Un elemento interessante che accomuna le pratiche d'uso e consumi dei giovani riguarda la dimensione sociale dei media digitali: utilizzano i media per rafforzare la relazione con i pari (*friendship-driven practises*), per coltivare anche *online* quei rapporti che abitualmente intrattengono in presenza (Stella, Riva 2014).

Gli spazi fisici e digitali vanno a fondersi, perdendo in questo modo l'accezione reale/virtuale e influenzando esperienza e interazioni. I media digitali e sociali possono aumentare l'accesso alla propria intimità, ma la *performance* identitaria compiuta da ciascun soggetto all'interno del cyberspazio è messa in atto con forti intenti di desiderabilità sociale.

Lo sforzo che viene fatto è quello di non sembrare inadeguati alle norme che considerano accettabili, se non altro in relazione al gruppo di riferimento a cui si pensava di rivolgere il flusso comunicativo.

La questione centrale è che non vi è alcun "dualismo digitale" tra vita reale e virtuale, come sottolinea il sociologo Nathan Jurgenson, e il fenomeno del cyber-bullismo e le molteplici forme di *Net Addiction* (dipendenza dalla Rete), tendono ad aggravarsi proprio in mancanza di questa consapevolezza.

I giovani vivono direttamente la globalizzazione, l'individualismo radicale, l'incertezza e la trasformazione digitale ed è attraverso quest'ultima che i cosiddetti "nativi digitali" cercano di autorappresentarsi, costruendo relazioni anche di natura violenta e nuove identità complesse mediante schermo, mantenendone il pieno controllo.

Recenti studi criminologici evidenziano come nuovi fenomeni di criminalità giovanili, a tratti simili al bullismo, stiano emergendo: quello delle *cyber-gangs*. Sempre più spesso infatti, le bande giovanili utilizzano in modo strategico i social network per costruire e rafforzare la loro identità, definire percorsi di micro-celebrità e distribuire foto/video di percosse, torture ed omicidi: questo è ciò che emerge nel recente racconto mediatico del reale.

Un macabro "spettacolo" che diventa esibizione quotidiana attraverso i media. Tali contenuti caricati in Rete, indicano da un lato, come giovani gruppi criminali utilizzino il web per coordinare le loro attività, quali ad esempio il trasporto e l'esportazione di materiale illegale, dall'altro, come questi stiano utilizzando le reti sociali *online* per comunicare privatamente, rafforzare la loro immagine e attaccare verbalmente, in modo violento, vittime scelte in modalità del tutto casuali.

La violenza all'interno dei media si trasforma in quotidiana narrazione trans-mediale che apparentemente garantisce una semplice e illusoria entrata nel mondo della micro-celebrità.

Tutti siamo pubblici attivi, "spetta-attori", criminali compresi, che condividono e accedono a migliaia di contenuti, incarnano ruoli differenti in spazi apparentemente connessi, manipolando il linguaggio per manipolare una realtà ormai tramontata, e costruendo identità multiple all'interno di scenari fortemente mediatizzati.

Questi nuovi processi di comunica-azione che tendiamo a personalizzare e controllare, spesso in modo inconsapevole ed irresponsabile, non fanno che rafforzare quell'individualismo, quell'aggressività e quella voglia di dominio e controllo dell'Altro che caratterizzano le relazioni umane e l'inizio di una nuova "cultura della violenza".

Esempi ulteriori, più recenti, e chiari di violenza contemporanea sono anche gli attentati che hanno colpito la città di Parigi e l'Europa tutta a partire dal 2015, che hanno rivelato le nuove strategie e *modus operandi* del neo-terrorismo, dove i carnefici (e le vittime allo stesso tempo) sono giovani tra i 20 e i 30 anni, non necessariamente poveri o senza istruzione, che per varie ragioni decidono di avvicinarsi alla violenza e al jihadismo, "scegliendo" la strada della radicalizzazione. Il terrorismo contemporaneo sfrutta a proprio vantaggio tutte le potenzialità della società dell'informazione e si nutre, cresce, anche a causa di questa. Marshall McLuhan, il profeta del villaggio globale, non a caso affermava affermava: "Senza comunicazione non vi sarebbe terrorismo".

Quando esprimeva questi suoi pensieri non esisteva ancora la rete internet, non c'era ancora la CNN, la rete globale dell'informazione era in una fase embrionale rispetto a oggi. In quanto fenomeno criminale organizzato, trans-nazionale, il neo terrorismo jihadista ha subito una sostanziale evoluzione.

Quello che viene oggi definito cyber-terrorismo presenta quattro caratteristiche fondamentali: internazionalizzazione, trans-nazionalizzazione, globalizzazione ed in particolare la digitalizzazione.

Senza dubbio, le nuove tecnologie e i nuovi linguaggi hanno favorito in alcuni casi la socializzazione con gli estremisti e/o la diffusione e la condivisione dei messaggi della propaganda terroristica, determinando la costruzione di un nuovo macro-ambiente virtuale senza confini, di nuove reti socio-virtuali fluide, che costituiscono uno dei principali punti di forza del terrorismo contemporaneo. Non a caso si parla oggi di "jihadismo globalizzato". In contrapposizione a quello moderno, fondandosi su una forte radice ideologica-identitaria, il terrorismo contemporaneo trova nella cultura digitale la sua maggiore risorsa e ciò ha portato i relativi attori violenti ad argomentare il proprio progetto politico sanguinario, inscrivendolo in una specifica concettualizzazione e visione della vita, elaborata su un principio di esclusività (Antinori, 2015). A partire dal 2001 con l'attacco alle Torri Gemelle, assistiamo a nuove forme di terrorismo. Fu Barry Collins (1997)a coniare il termine di" cyber-terrorismo" per definire l'uso dello spazio cibernetico per fini terroristici.

Nel 1997, Mark Pollit, agente speciale dell'FBI, ha offerto una particolare definizione di cyber-terrorismo come attacco premeditato a sfondo politici contro le informazioni, sistemi informatici e dati che si trasformano in violenza contro obbiettivi non combattenti da sub gruppi nazionali o agenti clandestini. Dopo gli attacchi dell'11 settembre, il termine viene invece usato come esempio della minaccia di Al-Quaeda attraverso il web, ma il significato è ampliato nel tempo con nuove definizioni, spesso diverse in base al paese di provenienza. Il cyber-terrorismo è generalmente inteso come l'insieme di attacchi illegali e minacce di attacco contro i computer, le reti e le relative informazioni contenute in essi al fine di intimidire o costringere un governo o il suo popolo a sostegno di determinati obiettivi politici o sociali. Inoltre, per qualificarsi come cyber-terrorismo, un attacco dovrebbe tradursi in violenza contro persone o beni, o almeno causare abbastanza danni atti a generare paura come a titolo esemplificativo, attacchi seri contro infrastrutture critiche. Altra definizione di tale fenomeno è quella di "attività di attacchi elettronici su infrastrutture critiche, furto di proprietà intellettuale in materia di ricerca e sviluppo e l'utilizzo di internet a scopi propagandistici e di comunicazione finalizzata alla rete terroristica" (Europol, *Eu terrorism situation and trend report,* 2012.)

Sono state inoltre individuate due distinte tipologie di cyber-terrorismo :

  ° *Target oriented :* la rete è intesa come obiettivo e come arma.

  ° *Tool oriented:* la rete è intesa principalmente come strumento e come supporto.

Particolarmente interessante, quest'ultima tipologia. Il web viene utilizzato in questo ambito per vari scopi come ad esempio:

- *comunicazione sicura internazionale ed intercontinentale;*
- *condivisione di obiettivi, piani, addestramento a distanza;*
- *proselitismo e divulgazione del messaggio terroristico.*

Negli ultimi anni mutamenti politico-economici e l'uso dei nuovi mezzi di comunicazione hanno favorito e permesso di costruire nuove strategie di attacco e reclutamento e una "valida"propaganda di soggetti estremisti violenti che si basano su nuovi codici comportamentali di riferimento per i soggetti militanti, target prestabiliti (giovani *in primis*), obiettivi di medio-lungo termine e utilizzo dei social media.

Non è da tralasciare il fatto che l'informazione abbia acquisito un ruolo di maggiore centralità implementando le capacità di *live reporting e streming* degli eventi, spettacolarizzazione della violenza, del *suicide-bombing,* alla ricerca incessante dell'audience, ma con un forte rischio di apprendimento ed emulazione di comportamenti violenti da parte dello spettatore (Maistrello, 2010). Da un punto di vista sociologico e criminologico l'aspetto più interessante e particolare è come si sia strutturato, organizzato e come operi in rete il nuovo terrorismo contemporaneo di stampo jihadista, in particolare, l'aspetto che concerne la costruzione di reti sociali criminali e le strategie di arruolamento e attacco adottate attraverso l'uso del web.

Dall'analisi dei recenti attentati rivendicati dal gruppo terroristico Isis a Parigi e Bruxelles, si nota come tale fenomeno si caratterizzi per asimmetria, flessibilità operativa e capacità di interconnessione comunicativa tra i gruppi e singoli soggetti e per la grande abilità e conoscenza dei sistemi di comunicazione digitali. I neo-terroristi individuano il loro target principalmente sulla base del suo valore simbolico e grazie alla piattaforma internet, i gruppi si aggregano organizzando attacchi e scambiando informazioni in network virtualizzati, disseminando video-attestazioni delle proprie gesta e soprattutto persuadendo i giovani ad arruolarsi ed abbracciare la loro ideologia attraverso *forum, chat* e social media, (Antinori, Marotta,2007). La globalizzazione della violenza terroristica viene oggi favorita dall'ampia diffusione e condivisione delle informazioni digitali, sviluppo tecnologico mediale e interconnessioni sul piano politico-economico (White, 2013).

Secondo Alberto Fernandez, coordinatore del *Center for Strategic Counter-Terrorism Communications* per conto del Dipartimento di Stato statunitense, Isis rappresenta il punto di riferimento in termini di qualità e quantità della propaganda politica e ideologica. Il sistema di *distance learning* (insegnamento/apprendimento a distanza) è un'innegabile risorsa strategica con la quale il messaggio jihadista raggiunge commilitoni e simpatizzanti, rafforzandone i legami e creando attività collettive internazionali. Tra gli strumenti più usati sono stati rintracciati *forum, magazine* e corsi online, materiali audiovisivi di apprendimento su svariati argomenti (da costruzione di armi biologiche a tecniche di sequestro), aggiornamenti e notizie sull'organizzazione e pubblicazioni.

La *Social Media Strategy* del Califfato si è rivelata nel tempo complessa e ben articolata. Oltre ai tradizionali social come Twitter, Facebook e YouTube, l'organizzazione si rifà anche ad altri social network (tipo Diaspora, dopo la chiusura di account *ISIS* sui social citati). Ulteriore novità introdotta dall'organizzazione sono certamente forme di terrorismo partecipativo. In aggiunta alle capacità comunicative e di marketing, Isis si distingue per cultura, preparazione e intraprendenza tecnologica dei propri combattenti. Non solo attacchi di terra, digitali e *hackerism*, il Califfato ha creato *app e software* specifici per le proprie esigenze strategiche, promosse e utilizzate da migliaia di *followers*.. I trend operativi del nuovo terrorismo sembrano aver determinato un'interessante mutamento sociale, politico, culturale e anche criminologico rappresentato da: -polarizzazione della sicurezza: concetto sempre più connesso sul piano criminale, quasi esclusivamente alla percezione della costante presenza della minaccia terroristica latente ; -*digital warfare*: costruzione ed attestazione a livello digitale-mediale di un nuovo ambiente di comunicazione e promozione terroristica. L'obiettivo strategico che le Istituzioni oggi dovrebbero oggi prima di tutto porsi, consiste nel conoscere, individuare e comprendere meglio la costruzione di nuove reti sociali e il nuovo target, principalmente giovanile, dei criminali terroristi, o meglio ancora, indagare sul legame tra criminalità e società del web, connessione oggi inevitabile in quanto fortemente presente nelle organizzazioni criminali contemporanee. Il neo-terrorismo si configura come fenomeno mediatizzato e digitalizzato che sfrutta la forza e il successo della Rete per mostrare qualsiasi forma di violenza, con un forte rischio di contagio e l'aumento esponenziale dello spontaneismo violento di massa.

Detto ciò, è interessante non tralasciare quelli che sono stati i movimenti e le comunicazioni del terrorismo nella pandemia.

L'inizio del *lockdown* in seguito alla pandemia di Covid 19, nell'anno 2020, segna l'inizio del terrore nelle principali città europee. Non solo quello del virus pandemico, ma quello della violenza terroristica. L'attacco improvviso all'interno della città di Vienna, le morti nella Notre Dame di Nizza, la morte di un diciottenne ceceno ucciso dalla polizia nei pressi di Parigi responsabile della decapitazione un insegnante di storia che aveva mostrato in aula le vignette satiriche su Maometto. Il 25 settembre dello stesso anno quattro persone furono gravemente ferite con un'arma da taglio a Parigi, proprio nei pressi dell'ormai ex redazione di Charlie Hebdo.

Nel ciclo di notizie ossessionato dalla pandemia in corso, e nelle agende politiche di tutto il mondo, storie simili sul terrorismo e sugli attacchi terroristici sembravano in gran parte scomparse. Paradossalmente molto prima dell'attuale crisi sanitaria, il linguaggio dell'epidemiologia si era rivelato utile per comprendere per analogia il modo in cui il terrorismo funziona come fenomeno che dipende dal contatto e dallo scambio sociale e si espande rapidamente in modo opportunistico quando le difese vengono abbassate.

In questi mesi di emergenza globale c'è sicuramente una buona notizia (utile da sottolineare in questa sede): la curva degli attacchi terroristici internazionali è stata effettivamente appiattita, in quanto avendo perso il suo "Califfato fisico", lo Stato islamico sembra aver perso la sua capacità (e forse volontà), di lanciare attacchi in tutto il mondo ben oltre le zone di conflitto.

Ma nonostante il momento storico di crisi sanitaria ed economica che ha colpito l'intera umanità, in cui gli attentati sembravano appunto essere stati culturalmente e cognitivamente "rimossi" per via del Covid-19, il fronte jihadista ha fatto comunque appello a colpire l'Occidente e ad approfittare proprio del periodo pandemico e del caos politico-economico presente nella maggior parte dei paesi europei. D'altronde il terrorismo ha da sempre trovato nei periodi di crisi nuove opportunità per promuovere i propri obiettivi e il coronavirus, causando migliaia di morti, il collasso dell'economia globale e uno sconvolgimento socio-politico, non si può negare abbia innescato una crisi internazionale.

Nel bel mezzo di una pandemia i responsabili politici si trovano di fronte ad una duplice esigenza: distinguere i fatti realmente accaduti e la loro percezione nell'immaginario collettivo ed affrontare poi l'opinione pubblica gestendo l'insicurezza e i timori di possibili risvolti antidemocratici nell'azione repressiva.

Non è da tralasciare il fatto che gli impatti sociali ed economici del Covid-19 abbiano avuto il giusto potenziale per minare proprio la coesione sociale e alimentare i conflitti tra gruppi e quelle forme di esclusione nei confronti delle minoranze, creando cosi le condizioni favorevoli alla diffusione del terrorismo e dell'estremismo violento. I terroristi stanno sfruttando il disagio, l'incertezza e le difficoltà economiche causate dal virus per diffondere paura, odio e divisione, per radicalizzare e reclutare nuovi seguaci. Mentre i governi di tutto il mondo sono concentrati sulla lotta all'emergenza (e alcuni hanno addirittura annunciato la ri-assegnazione delle risorse, compreso il ritiro delle forze armate straniere coinvolte in operazioni contro l'ISIS e Al-Qaeda e il trasferimento delle forze armate a sostegno sforzi di soccorso in caso di pandemia interna), lo Stato Islamico e al-Qaeda si sono adattati al nuovo contesto di crisi e mirano a riaffermarsi online e offline, esortano seguaci e affiliati a intensificare gli attacchi.

La pandemia ha evidenziato infatti la vulnerabilità delle istituzioni e dei cittadini comuni di fronte alle nuove narrative estremiste violente che favoriscono il terrorismo e le forme emergenti di terrorismo, compresi gli attacchi informatici contro le istituzioni sanitarie; minacce mortali globali come il terrorismo e lo stesso virus impongono ora all'Europa di pianificare una strategia operativa comune, ma prima di tutto un rinnovato senso di unità e solidarietà. In questa fase storica è necessario dunque investire sulla comunicazione pubblica, sulla salute e nella sicurezza. Ciò significa ripensare i bilanci europei per dedicare risorse strategiche alla ricerca, alla formazione, allo sviluppo di contro-narrazioni per contrastare violenza e disinformazione e salvaguardare la democrazia e il futuro dell'Europa unita nella pandemia.

La salute è un tema complesso presentato oggi esclusivamente come un problema politico ed economico, ma in realtà si basa (e si affronta) attraverso due strumenti fondamentali: cultura (anche digitale) ed educazione (anche mediale).

Negli ultimi anni l'uso dei media sociali e delle applicazioni Web 2.0 (*blog*, *wiki*, *podcast*, siti di *social networking*) è aumentato in tutto il mondo, raggiungendo milioni di persone. Recenti dati Audiweb del luglio 2016-2017 hanno registrato una diffusione dell'online in Italia alle soglie del 90% della popolazione. I media digitali rappresentano, come visto in precedenza, canali di comunicazione molto popolari, utilizzati da singoli e organizzazioni che si servono di queste nuove tecnologie in diversi momenti della loro vita quotidiana, sia online che offline, operando in diversi settori e contesti. Tra i più utilizzati ricordiamo e distinguiamo blog o riviste on-line, social network, piattaforme di condivisione, incentrate sulla condivisione di particolari tipi di contenuti, come forum di discussione, costruiti attorno ad un interesse o ad un argomento ben specifico.

Nel settore della sanità pubblica i media digitali e sociali sono integrati in modo sempre più frequente in programmi e campagne volte a informare o sensibilizzare il pubblico su temi concernenti la salute o per promuovere l'adozione di comportamenti. Lo scopo primario è rafforzare e personalizzare i messaggi, raggiungere un nuovo pubblico e costruire un'infrastruttura di comunicazione basata su uno scambio aperto di informazioni e la costruzione di efficaci campagne di salute pubblica.

Le ultime ricerche dimostrano però, che se da un lato sempre più interventi di comunicazione per la salute usano i social media, si sa poco rispetto ai loro effetti sui comportamenti. Il recente fenomeno comunicativo delle cosiddette *fake news* (notizie false), analizzato da molti sociologi e giornalisti, in riferimento ad esempio alla questione italiana dei vaccini connessi o meno al fenomeno dell'autismo, ha dimostrato come ancora i media siano concepiti come ambienti contenenti informazioni ritenute attendibili in grado di guidare opinioni e comportamenti oltrepassando la parola delle scienze mediche.

Tutto ciò che appare nei media è ancora per molti reale e più che attendibile. In realtà i social media e il sovraccarico informativo determinano una continua interazione e flussi comunicativi online ed evidenziano la scarsa consapevolezza, da parte di molti utenti, adulti in particolare, nell'utilizzo dei media digitali e tradizionali, come un basso livello di criticità nei confronti dei contenuti caricati e pubblicati in Rete. È chiaro che se tutti produciamo contenuti partecipando in maniera attiva, il rischio è quello di una bassa qualità della comunicazione e di una difficoltà nella verifica della notizia.

Il rapporto *Philips Future Health Study 2018* che ha intervistato un campione di oltre 2 mila pazienti tra 18 e 80 anni, ha dimostrato come noi italiani abbiamo una percezione positiva della nostra salute (58% degli intervistati), ma necessitiamo di continue rassicurazioni e conferme.

In media vengono effettuate 5 visite mediche all'anno e un italiano su cinque ha dichiarato di aver trascorso almeno una notte all'ospedale nei tre mesi precedenti all'indagine.

L'attenzione al proprio benessere emerge anche dall'utilizzo di dispositivi tecnologici ad *hoc* (ad es. *smartwatch*, ma non solo): ne possiede almeno uno il 45% degli intervistati, con elevato tasso di utilizzo (92%). Gli indicatori legati all'attività sportiva e al fitness sono i più utilizzati. Internet per tutti è una grande risorsa: l'85% dei pazienti intervistati cerca le risposte a una domanda di carattere medico online e il 55% legge le recensioni su un medico o un altro professionista sanitario prima di consultarlo.

Paradossalmente però, se da una parte i pazienti italiani sono attenti al proprio stato di salute e sempre più desiderosi di "cure connesse", di informazioni immediate su tale argomento, ricercate autonomamente online, ciò che emerge negli ultimi 10 anni, è una crescente sensibilità al tema salute e maggiore attenzione alla figura del paziente.

Quest'ultimo diventa sempre più attento, sensibile, competente, con una conseguente espansione delle pratiche di salute: aumentano infatti i comportamenti preventivi. Nuove concezioni di "paziente","sanità" e "salute" si riscontrano nello scenario contemporaneo: è possibile parlare ora della figura del malato come un "soggetto attivo e partecipante" e di una sanità che "mette al centro la persona", dove le esperienze di assistenza si rivolgono alle persone, non più come soggetti ammalati, ma nella loro interezza psicologica, fisica e sociale.

Un chiaro esempio di come l'assistenza sociosanitaria diventi a "misura d'individuo" è l'assistenza a domicilio. Proprio perché si tratta di forme assistenziali che si sviluppano all'interno di spazi privati, è necessario lavorare su un tipo di relazione che miri alla qualità della vita, restando attenti ai bisogni e alle esigenze individuali. L'Italia si colloca, ancora oggi, tra i paesi più longevi del nostro pianeta e, in virtù di questa tendenza, si richiede una nuova idea di assistenza alla persona e di comunicazione-relazione triadica tra medico-paziente e salute pubblica.

La sfida più grande è nella promozione di stili di vita sani, focalizzando l'attenzione sulle risorse che permettono agli individui di mantenersi in stato di benessere, mettendo l'accento sul rafforzamento delle risorse e della "resilienza" e coinvolgendo inevitabilmente i determinanti sociali della salute.

Assistere e curare sono compiti impegnativi, che richiedono un elevato livello di professionalità: significa prendersi carico della complessità e della fragilità. Nella cura degli anziani, in particolare, poche cose sono scontate, occorre sempre considerare ancora un "Oltre" e "l'Altro". Di conseguenza l'educazione gioca un ruolo rilevante sia come determinante sociale fondamentale, sia come strategia specifica (educazione alla salute e per la salute) nell'incrementare le conoscenze e le competenze della popolazione necessarie allo sviluppo e al mantenimento di una buona condizione fisica individuale e della comunità.

È importante che ciò che viene comunicato venga compreso pienamente da chi deve usare quelle informazioni per prevenire o per curare una malattia. Troppo spesso, però, questo non avviene a causa sia del complesso stile comunicativo degli operatori sanitari, sia delle difficoltà di molti cittadini che non raggiungono livelli funzionali di *media literacy* e *health literacy*, ovvero hanno un scarso livello di alfabetizzazione mediatica e sanitaria.

Ecco che il concetto di "umanizzazione delle cure" non è solo uno *slogan*, ma diventa una realtà che tutti possono toccare con mano, che mira a promuove un modo di fare Sanità che non si limita alla cura esclusiva di una patologia.

La stessa struttura ospedaliera, ad esempio, non può continuare ad essere concepito come ambiente del dolore, ma deve mostrarsi come luogo di speranza, dove il paziente è al centro del processo di cura e di assistenza e dove le sue necessità, anche emotive, vengono considerate.

La cultura della salute (*health literacy*) diventa sempre più una componente critica necessaria per agire in qualità di cittadini informati e competenti (anche digitalmente).

Con la rivoluzione digitale però, la sanità è diventato uno dei settori più importanti, in grado di ospitare l'innovazione e la tecnologia, nuove forme di comunicazione ed assistenza 2.0, ma, allo stesso tempo, ha fatto registrare l'aumento più elevato del numero di attacchi informatici.

La domanda, che sorge ora spontanea, è la seguente: quanto i nostri dati sanitari sono al sicuro?

Dall'esito di una radiografia o di una *Tac*, ai farmaci prescritti, qualsiasi dato potrebbe cadere nelle mani dei cyber-criminali.

Il modus operandi è sempre più spesso legato al furto d'identità, in quanto permette poi l'acquisto di determinati oggetti, il pagamento di prestazioni mediche o l'acquisto di farmaci.

Le conseguenze possono essere rilevanti in termini di benessere del paziente, in quanto, nella maggioranza dei casi, i cyber-criminali chiedono un riscatto vero e proprio e agiscono bloccando l'accesso ai dati o rivendendo i dati al mercato nero del *deep web*, il lato oscuro della Rete.

Il mondo della sanità, infatti, è diventato uno dei campi maggiormente colpiti dalle due tipologie di attacchi più devastanti: il "sequestro" dei dati e delle infrastrutture che vengono resi illeggibili e inutilizzabili. Secondo, il furto di dati personali (comprese le cartelle cliniche).

Ciò avviene perché sequestrare i dati e le infrastrutture si traduce, per le strutture socio-sanitarie, nell'impossibilità di erogare i propri servizi e quindi mettere a serio rischio la salute e la vita delle persone. Per questo è molto probabile che le vittime procedano al pagamento rapido del riscatto.

Nel mese di gennaio 2016 i Ministri della salute dei Paesi OCSE (Organizzazione per la cooperazione e lo sviluppo economico) hanno invitato gli Stati membri ad adottare un sistema di regole comuni che consenta l'utilizzo e il riutilizzo dei dati sanitari per fini di pubblico interesse nel pieno rispetto della privacy delle persone.

La "Raccomandazione sulla governance dei dati relativi alla salute" (*Recommendation on Health Data Governance*) è stata adottata dal Consiglio dell'OCSE il 13 dicembre 2016, ma è stata resa pubblica solo dopo la sua approvazione da parte dei Ministri competenti, nell'incontro a Parigi.

L'obiettivo del documento è quello di offrire indicazioni utili a migliorare e rendere più efficiente il sistema sanitario nei Paesi aderenti all'organizzazione, favorendo la creazione di una piattaforma condivisa per la corretta gestione dei dati sanitari trattati per la salute pubblica, per scopi statistici e di ricerca scientifica, nonché per la fornitura dei servizi offerti.

L'OCSE ritiene che, se ben implementate nei rispettivi Paesi, le indicazioni contribuiranno anche a migliorare la qualità dell'assistenza sanitaria e, di conseguenza, a sviluppare una società "in buona salute".

Tali obiettivi dovranno però essere perseguiti promuovendo e tutelando le libertà individuali e la protezione dei dati personali, a carattere sensibile, di chi usufruisce dei servizi sanitari.

Problematiche, queste descritte, che sono emerse in maniera evidente anche già dai primi mesi di *lockdown* a seguito della pandemia di Coronavirus.

La presidente della Commissione europea, Ursula von der Leyen, ha avvertito che il crimine informatico nell'UE è aumentato a causa del Covid-19.

I criminali informatici stanno approfittando della crescente quantità di tempo che le persone trascorrono online a causa delle nuove misure adottate dagli Stati membri per fermare la diffusione del virus - mentre beneficiano anche della crisi sanitaria stessa.

"Ci seguono online e sfruttano le nostre preoccupazioni per il coronavirus. La nostra paura diventa la loro opportunità commerciale", ha detto von der Leyen in un video messaggio del 24 marzo 2020.

Di conseguenza, l'agenzia di polizia Europol sta combattendo la tratta di "medicinali" contraffatti anti- coronavirus.

Allo stesso tempo, nei primi mesi di pandemia, il commissario per il mercato interno Thierry Breton si è subito mosso per consultare gli operatori di telecomunicazioni su come proteggere le reti dell'UE dagli attacchi informatici.

Secondo la Commissione, anche la rete europea di squadre di risposta agli incidenti in materia di sicurezza informatica (CSIRT) ha alzato il livello di allerta dal 2020 ad oggi, sollecitando una forte resilienza informatica durante questo periodo specifico.

Nel frattempo, sempre più ospedali, centri di ricerca e centri medici sono stati presi di mira da unità informatiche organizzate che cercano informazioni, intelligence e accessibilità del sistema.

"Le misure inattese e straordinarie di oggi aumentano il rischio cibernetico in molti modi che non abbiamo mai visto prima", ha dichiarato Lukasz Olejnik, ricercatore e consulente indipendente di cibersicurezza che ha analizzato questo fenomeno.

"La crisi del coronavirus è tristemente allettante per lo sfruttamento poiché le persone potrebbero essere più facili da truffare usando il tema del coronavirus perché ora tutti lo conoscono", ha aggiunto.

L'Organizzazione mondiale della sanità (OMS) ha recentemente messo in guardia contro messaggi e-mail sospetti che tentano di sfruttare l'emergenza Covid-19 rubando denaro e informazioni sensibili dal pubblico. Tuttavia, secondo i nuovi rapporti, i tentativi di pirateria informatica contro i sistemi informatici dell'OMS e i suoi partner sono aumentati durante l'epidemia di coronavirus.

Sebbene l'obiettivo di questi attacchi non sia chiaro, si potrebbe presumere una moltitudine di motivi per attaccare importanti organizzazioni sanitarie durante questa pandemia.

Ad esempio, i criminali informatici potrebbero essere alla ricerca di informazioni su cure, test o nuovi vaccini relativi al coronavirus da vendere nel mercato nero a prezzi vantaggiosi, crittografare i dati sensibili e conservarli per riscatto o semplicemente interrompere l'operabilità dell'istituzione.

Gruppi criminali, infatti, stanno sfruttando lo stato di pandemia globale per commettere crimini informatici e destabilizzare il settore socio-sanitario pubblico e provato.

Durante questo periodo, Digitpol ha nominato un team di risposta agli incidenti per fornire una risposta rapida al business che viene effettuata da un attacco informatico, una violazione dei dati, *malware* o altre forme di attacchi informatici. "Se la tua azienda ha subito un attacco informatico, contatta Digitpol per assistenza". Il consiglio di Digitpol è che il popolo europeo segua solo le informazioni provenienti da fonti governative come il governo locale o il sito web del governo nazionale.

Esperti del National Cyber Security Center hanno rivelato una serie di attacchi perpetrati online mentre i *cyber* criminali cercano di sfruttare Covid-19. Le tecniche viste dall'inizio dell'anno includono e-mail fasulle con collegamenti che affermano di avere aggiornamenti importanti, che una volta cliccati portano a dispositivi infetti. Questi tentativi di *phishing* sono stati osservati in diversi paesi e possono portare alla perdita di denaro e dati sensibili. Questi attacchi sono versatili e possono essere condotti attraverso vari media, adattati a diversi settori e monetizzati con molteplici mezzi, tra cui *ransomware*, furto di credenziali, *bitcoin* o frodi.

Di seguito alcuni esempi di truffe online riscontrate finora e come procedere.

- *Merci non consegnate*: i venditori online dichiarano di avere prodotti richiesti, come pulizie, articoli per la casa e forniture mediche e sanitarie. Effettui un ordine, ma non ricevi mai la tua spedizione. Chiunque può creare un negozio online con quasi tutti i nomi, inclusi i truffatori.

- Attrezzature mediche contraffatte, maschere per il viso, disinfettanti per le mani, salviette e ventilatori sono al centro dei cyber criminali. Ulteriori informazioni sulle truffe COVID19.

- *Finte associazioni di beneficenza*: quando si verifica un importante evento sanitario, come il Coronavirus, potresti essere alla ricerca di modi per aiutarti. I truffatori usano gli stessi eventi per sfruttare la tua generosità. Alcuni truffatori usano nomi che assomigliano molto ai nomi di veri enti di beneficenza. Questo è uno dei motivi per cui paga qualche ricerca prima di dare. Il denaro perso in beneficenza fasulla significa meno donazioni per aiutare chi è nel bisogno.

- *E-mail, messaggi e phishing falsi* : i truffatori utilizzano e-mail o testi falsi per farti condividere informazioni personali preziose, come numeri di account, numeri di previdenza sociale o ID di accesso e password. Usano le tue informazioni per rubare i tuoi soldi, la tua identità o entrambi. Usano anche e-mail di phishing per accedere al tuo computer o alla tua rete.

Se fai clic su un link, possono installare ransomware o altri programmi che possono bloccare i tuoi dati. I truffatori spesso usano nomi di aziende familiari o fingono di essere qualcuno che conosci, altri truffatori hanno utilizzato informazioni reali per infettare i computer con *malware*. Ad esempio, i siti Web dannosi hanno utilizzato il vero *dashboard* interattivo della Johns Hopkins University delle infezioni e decessi da Coronavirus per diffondere malware che ruba le password.

Phishing: email dannose che sembrano provenire da Word Health Organization

L'OMS è a conoscenza di messaggi e-mail sospetti che tentano di sfruttare l'emergenza COVID-19. Questa azione fraudolenta si chiama appunto *phishing*.

Quest'ultima tipologia di pseudo-comunicazioni/email sembrano provenire proprio da istituzioni riconosciute, come dall'OMS stessa per esempio, e ti chiederanno di:

° fornire informazioni riservate, come nomi utente o password

° fai clic su un link dannoso

° aprire un allegato dannoso.

Utilizzando questo metodo, i criminali possono installare *malware* o rubare informazioni sensibili.

Dunque, ecco 5 suggerimenti per prevenire simili cyber-attacchi:

° Verifica il mittente controllando il loro indirizzo email. Assicurati che il mittente abbia un indirizzo email come "person@who.int" Se c'è qualcosa di diverso da "who.

int" dopo il simbolo "@", questo mittente non proviene dall'OMS. Ad esempio, l'OMS non invia email dagli indirizzi che terminano con "@ who.com", "@ who.org" o "@ who-safety.org".

° Controlla il link prima di fare clic. Assicurati che il collegamento inizi con "https://www.who.int". Meglio ancora, vai direttamente al sito Web dell'OMS, digitando "https://www. who.int" nel tuo browser.

° Non correre o sentirsi sotto pressione. I criminali informatici utilizzano emergenze come 2019-nCov per indurre le persone a prendere decisioni rapidamente. Prenditi sempre tempo per pensare a una richiesta per le tue informazioni personali e se la richiesta è appropriata.

° Se hai fornito informazioni riservate, non farti prendere dal panico. Se ritieni di aver fornito dati come il tuo nome utente o password a criminali informatici, cambia immediatamente le tue credenziali su ciascun sito in cui li hai utilizzati.

° Se vedi una truffa, segnalala. Se vedi una truffa, parlacene.

Concludiamo inoltre questo capitolo con un altro chiaro esempio di quella che potremmo definire "tecno-pandemia", l'intreccio di tre elementi: tecnica, tecnologia ed emergenza sanitaria.

Il covid-19 ha aggredito una società già stanca. Istituzioni, media e singoli individui si sono presentati infatti fragili, confusi, persi. Riacquistiamo le forze, giorno dopo giorno, respiro dopo respiro, tentando di riprendere l'identità perduta e il senso della quotidianità. Ma non è affatto semplice tranne nelle ore di iper-connessione nello spazio sociale digitale che ormai caratterizza le nostre giornate. Ore ed ore online, io e lo schermo, ospitato all'interno di decine di piataforme differenti.

Secondo il filosofo francese Bernard Stiegler "la tecnologia che ci uccide ci salverà": se Zoom, Google Meet e Microsoft Teams sono da un lato il nostro "veleno" quotidiano, dall'altro la costante medi(t)azione è l'antidoto contro la tecno-pandemia.

Ormai da più di un anno viviamo nel video-spazio. Microsoft Teams, Skype, Google Classrooms sono solo una parte di questi ambienti pubblici, all'interno dei quali le nostre vite si intrecciano, anche avendo poco in comune: tutte guadagnano e impiegano per ore le nostre giornate.

Il lavoro e la partecipazione iper-attiva di ogni utente online è aumentata, il tempo "libero" da dedicare al pensiero, ai rapporti con famiglia e amici è stato inghiottito. Il video-tempo fa parte del regime lavorativo postfordista avanzato, eseguito da soggetti che dovrebbero svolgere compiti mossi da chiari obiettivi e passioni, ma dopo ore, giorni, settimane e mesi nella nostra giornata piattaformizzata ci si limita ad eseguire distratti i propri doveri, stanchi, ma sempre e comunque multi-tasking.

La "stanchezza" di Internet, per la scrittrice Rawiya Kameir, è come lo stato psico-fisico che segue la dipendenza dal web, dove scorri i contenuti online, ti aggiorni, leggi le sequenze temporali in modo compulsivo e poi ti senti più esausto di prima. È un'ansia che accompagna il sentirsi intrappolati in un vortice di parole e pensieri dell'Altro al di là dello schermo.

L'individuo tardo-moderno nella società odierna, caratterizzata dalla prestazione, dalla competizione e, soprattutto, dall'appiattimento delle contraddizioni e dal venir meno della negatività ha sviluppato, nell'emergenza in corso, l'ossessione dell'iperattività e la tendenza sempre più forte all'iperproduzione, generatori di malessere e di "stanchezza", in quanto incapaci di sostenere i ritmi dell'iperproduzione postcapitalistica (Chul-Han 2010).

Il massimo dell'interazione che possiamo fare oggi tra un lockdown e l'altro è offuscare lo sfondo della nostra postazione o renderci silenziosi qualche minuto. Perfino lo sguardo, il mostrare il viso diventa facoltativo. Tutto il processo di comunicazione può essere controllato e personalizzato.

Gli studiosi Abrahams e Pinheiro osservano come una semplice videoconferenza di poche ore sia di per se psicologicamente impegnativa. Il nostro cervello, infatti, ha bisogno di elaborare un sé come corpo e come immagine. Online ci mancano gli indizi corporei sottili per comprendere pienamente il contenuto di ciò che qualcuno sta raccontando nella piattaforma. La nostra immaginazione colma le lacune e attiva azioni necessarie a elaborare determinati messaggi e selezionare le cose da ignorare. Nel frattempo, controlliamo continuamente lo schermo, non siamo mai sicuri di essere ancora inter-connessi, quindi verifichiamo continuamente la nostra immagine o richiamiamo l'attenzione del nostro intercultore chiedendo se in quel momento riesce a sentirci e vederci senza interruzioni.

Isabel Löfgren, Senior Lecturer in Media and Communication Studies all'Università Stoccolma, ritiene che dovremmo pensare i media piattaforme come "mezzi freddi" - spazi che richiedono più partecipazione da parte del pubblico, dove il cervello umano ha bisogno di colmare le lacune di percezione, il senso delle proporzioni rispetto ad altri corpi, la vicinanza emotiva del soggetto dall'altra parte della fotocamera.

Emozioni ormai compresse come ogni singolo pixel e dato che compongono gli spazi digitali, forse anche per questo ci rifugiamo ed investiamo sempre più nel video-tempo: ci indica la via più breve per agire in un mondo complesso.

Una situazione di crisi è il risultato di una scarsa azione preventiva durante il tempo della normalità.

Gli attacchi terroristici in Europa, le recenti scosse di terremoto che hanno colpito il Centro Italia, la pandemia globale Covid-19 iniziata nei primi mesi dell'anno 2020, sono tutte classificabili come situazioni di crisi e di emergenza.

Tali eventi hanno evidenziato il ruolo significativo dei media e delle istituzioni e come le modalità di narrazione degli eventi in contesti di emergenza siano profondamente mutate.

Le istituzioni, prima di tutti, devono mostrarsi presenti, responsabili, pronte ad agire, attraverso una comunicazione pubblica chiara e approfondita, costantemente aggiornata, in grado di rendere partecipi i cittadini stessi vittime dell'emergenza.

Troppo spesso però il fenomeno della spettacolarizzazione mediatica sembra avere il sopravvento anche in situazione di crisi e di emergenza, anzi soprattutto all'interno di tali contesti.

Così ai tanti stress e travagli che assalgono l'uomo di fronte alle catastrofi si aggiunge nella società contemporanea "l'ansia da *news*".

L'informazione breve, sempre più veloce, il continuo aggiornamento, sono tutti *input* che continuamente colpiscono il nostro cervello, rendendoci incapaci di valutare, approfondire, distinguere, comprendere e cadiamo così in stati d'ansia.

La maggior parte di tali notizie ha come contenuto la violenza, le stragi, le separazioni, le catastrofi, continue scene di emergenza e di morte che scorrono davanti ai nostri occhi.

La paura e l'insicurezza diventano una "merce": i media la offrono a chi la chiede e aumenta così l'*information anxiety*.

Secondo lo studioso americano Richard Saul Wurman è possibile parlare di *risk society* (società del rischio) e *risk communication* (comunicazione del rischio) insieme. Il sensazionalismo è grande e ancor più lo sono le ricostruzioni delle circostanze, drammatizzate dallo *storytelling* dei reporter.

A tal proposito il giornalista De Vincentiis definisce i giornali e i servizi d'informazione: "specchi delle ansie respiratorie". Da qui il sensazionalismo, il racconto drammatico, le mitizzazioni dei mostri-eroi: un evento mediatico carico di significati simbolici e tensione emotiva.

Emerge inevitabilmente uno stretto legame tra aspetti psicologici e comunicativo-relazionali nei momenti immediatamente successivi al manifestarsi di un'emergenza o di una crisi, tra cittadino, Istituzioni, media e reti virtuali di comunicazione.

Le reti di comunicazione locali e i canali telematici orientano l'opinione pubblica, potrebbero ridurre la paura, possono indicare vie di fuga ed è per questo che sarebbe auspicabile una maggiore collaborazione tra professionisti della comunicazione e psicologi dell'emergenza, per "rimodellare", in modo costruttivo, il messaggio mediatico durante e dopo l'evento, fornendo in questo modo modalità che aiutino l'adattamento alla situazione.

Seguendo le precise indicazione fornite dall'esperto di comunicazione De Vincentiis, ecco quale dovrebbe essere lo schema d'intervento corretto di un'agenzia di stampa in situazioni di crisi ed emergenza:

° dopo la prima segnalazione, circoscrivere e precisare l'entità dell'evento;

° contatto con organismi competenti (come vigili del fuoco, carabinieri, uffici regionali ecc..);

° decidere il numero di inviati da mandare sul posto, in appoggio all'ufficio locale;

° inizio dell'opera di approfondimento dell'evento con la richiesta di pareri di esperti.

È fondamentale però prima di tutto definire il problema reale nella sua evoluzione anche se la stampa di fatto, per rigidità dei tempi, spesso preferisce annunciare comunque l'emergenza senza avere una chiara conoscenza del fatto. In queste situazioni è necessario anche l'intervento di quelle che vengono definite *Crisis Management Team* (Cmt), squadre di gestione della crisi, posizionate in staff al vertice aziendale o delle pubbliche amministrazioni che hanno come compito quello di organizzare e gestire la comunicazione interna ed esterna.

Il ruolo chiave è quello svolto dal portavoce che deve saper affrontare i media, rispondere in maniera chiara, precisa e documentata e pertanto deve godere allo stesso tempo della fiducia dei vertici ed essere in grado di gestire la "crisi d'immagine" lavorando a stretto contatto con tutti i livelli organizzativi coinvolti. La vera novità però, in termini di comunicazione e partecipazione, concerne il ruolo dei social media e il loro utilizzo nella gestione dell'informazione in caso di emergenza da parte dei comuni utenti.

La profonda rivoluzione ha trasformato la realtà sociale in una società interconnessa e i cittadini in "pubblici attivi". Nell'era del digitale, attraverso i social media, è il cittadino comune, non il giornalista professionista che, sfruttando la natura interattiva e partecipativa dei new media, fornisce immagini in diretta dell'evento ad una redazione, partecipando attivamente e contribuendo a garantire un'informazione costantemente aggiornata. Si aggiunge cosi un altro aspetto di fondamentale importanza: il cittadino (ora produttore/fruitore/distributore di contenuti) inserisce nel processo di comunicazione aggiungendo i propri contenuti e le proprie emozioni a quelli già prodotti dal giornalista professionista.

Ne consegue una maggiore cooperazione tra pubblico attivo ed industria dei media, i cui prodotti culturali diventano sempre più prodotti di nicchia di cui il singolo individuo si appropria, ampliando cosi "l'esperienza della narrazione".

Nuove narrazioni significano anche partecipazione, sviluppo di nuove e ricche identità o meglio ancora, "capacità di estrarre dal flusso mediatico frammenti d'informazione che diventano risorse per la quotidianità", sostiene Henry Jenkins, che a tal proposito parla di "cultura convergente e partecipativa" come già accennato prima.

Interazione, connessione e globalità sono caratteristiche dei social media che hanno cambiato anche il modo di fare informazione.

Tra le ultime novità che la piattaforma Facebook offre troviamo la recente funzione *Safety Check,* una funzione potentissima che sfrutta la connessione tra i circa 400 milioni di iscritti. L'utente viene individuato nell'area del disastro, Facebook gli manda un messaggio chiedendo se sta bene e una volta inserita la risposta positiva al messaggio questa va automaticamente a inserirsi nel proprio profilo Facebook e viene visualizzato da chiunque voglia avere notizie su una certa persona.

La natura istantanea della comunicazione su Twitter e Facebook rende le piattaforme adeguate per l'invio di contenuti in tempo reale e in diretto contatto tra loro, cosicché i cittadini-utenti, politici, giornalisti, personaggi pubblici possono interagire all'interno di uno stesso ambiente. *Hashtag, tweet,* gruppi e pagine online si trasformano in strumenti di interconnessione, in linguaggi virtuali universali e sedi privilegiate per il racconto collettivo. I profili personali delle vittime diventano spazi per l'espressione di emozioni e condivisione di informazioni personali. Tutto ciò risulta estremamente nuovo ed interessante da un punto di vista scientifico e di analisi da parte delle scienze sociali.

Perché gli utenti dovrebbero spendere risorse emotive e cognitive per partecipare a una conversazione online durante una catastrofe? Con il fenomeno del digitale la trasmissione dell'emergenza diventa rappresentazione di frammenti d'informazione e di vita sociale attraverso codici linguistici precisi, diretti e "digitali" e il pubblico esprime l'esigenza di una chiave interpretativa di avvenimenti straordinari che da solo non riesce a spiegare.

Tale comportamento rappresenta un segnale di volontà di partecipazione che potrebbe risultare utile alle stesse istituzioni, anche se il rischio che si corre, è quello di interpretare in maniera errata ciò che stiamo osservando da dietro uno schermo; di conseguenza il messaggio che inviamo alla nostra *community*, potrebbe non coincidere esattamente con ciò che stavamo pensando o avremmo voluto dire in quel momento.

La semantica non è dunque da sottovalutare, ma è quel senso di comunità che viene a crearsi che fa emergere un tentativo di soddisfare quei bisogni sociali, di auto-mobilitazione e ricerca di supporto emotivo e di cure.

I social media consentono di accedere ad ambienti collaborativi in grado di funzionare come connettore e amplificatore collaborativo degli sforzi posti in essere.

Ecco, dunque, come "l'individuo si fa media".

I media sono proiezioni dell'essere umano e non dispositivi separati da lui, l'uomo non usa i media, ma è lui un medium, o meglio, il web non è un ambiente in cui l'uomo comunica, ma è la riflessione della sua stessa qualità etica.

La "buona comunicazione" d'emergenza in Rete è non solo possibile, ma anche efficace, se ben pianificata. Oltre a raccogliere emozioni e pensieri dei vari pubblici connessi, le tecnologie digitali permettono di raccogliere dati attraverso i social network, mobile e sistemi geografici e affrontare cosi in maniera sempre più precisa e aggiornata le crisi umanitarie, supportando una comunicazione pubblica spesso poco presente, amalgamata tra i migliaia di post o tweet generati dai singoli utenti.

La presenza delle amministrazioni pubbliche si rivela comunque necessaria per garantire, non solo autorevolezza nella produzione dei messaggi di mutuo soccorso, ma anche per svolgere una funzione strategica di filtro comunicativo per la cittadinanza (Comunello, 2014). Nessuna comunicazione o strategia social potrà mai sostituire e assumere un valore comunicativo-simbolico così forte, come la scena riportata in diretta da tutti i media nazionali e non, la domenica del 30 ottobre 2016 in seguito alla fortissima scossa di terremoto delle ore 7:40, dove sacerdoti, suore e intere famiglie si sono messe in ginocchio in preghiera, sconvolti e addolorati, di fronte alla Cattedrale di San Benedetto di Norcia, ormai a pezzi.

La preghiera, a quanto pare, rimane ancora la più forte forma di comunicazione simbolica, intima, umana, soprattutto in caso di emergenza, dove l'uomo mostra tutta la sua fragilità, debolezza e ritorna a comprendere il valore della sua vita e quella dei suoi cari, affidandosi completamente a Dio, consapevole del fatto che anche il potere dei media digitali è assai limitato.

Nonostante questo limite la situazione di pandemia globale (Covid-19), altra grave emergenza di cui l'Italia è stata protagonista, ha confermato come nelle situazioni di crisi, il bisogno di informazione e di connessione sia fondamentale per la popolazione, così come una chiara e aggiornata comunicazione istituzionale.

Al di là degli effetti più o meno gravi, causati dal nuovo virus, e dai numeri dei contagiati riportati quotidianamente da esperti (già fin troppo numerosi nei social e in Tv), è importante riflettere su come l'informazione e il modo di comunicare l'emergenza in Italia abbiano sfiorato il collasso nella fase iniziale, o meglio, abbiano rischiato di perdere totalmente il controllo in un'epoca, quella digitale, dove regnano trasparenza e l'abbondanza di contenuti.

E questo può comportare gravi rischi in termini di comunicazione e di credibilità istituzionale nei confronti della cittadinanza. I primi studi americani sugli effetti sociali dei media provarono a dimostrare come il tipo di contenuti alla quale noi siamo esposti non influenzasse totalmente, e nelle stesse modalità, il comportamento dello spettatore, ma sottolineavano come quest'ultimo fosse in grado di immagazzinare, in modo diverso, solo alcuni frammenti del contenuto audio-visivo, superando quindi il modello stimolo-risposta, adattandolo alle loro esperienza e sensibilità (senza tralasciare ovviamente il peso di variabili come genere, età e *backgroung* culturale).

Non è un caso, dunque, se persone con lavoro ed età differenti, residenti in regioni diverse, abbiano letto il fenomeno coronavirus in modi opposti, cosi come opposte (e a volte esagerate) sono state le loro reazioni a livello politico e sociale.

Non è neanche strano che esperti della stessa materia abbiano più volte mostrato di avere tesi differenti in merito.

Pura scienza medica? Non solo, gli effetti mediali hanno un loro peso.

Il gioco dei numeri dei contagiati, l'allarme improvviso, la folla nei supermercati semivuoti, la chiusura e la riapertura e di nuovo la chiusura di alcuni luoghi pubblici hanno chiaramente dimostrato come l'informazione si configuri oggi come puro "intrattenimento" da un lato e, dall'altro, come strumento in grado di persuadere politica e cittadinanza, capace di governare tempo e spazio e di dare il via o lo stop alla nostra quotidianità.

> *La questione non è che la televisione (..) costituisce un'influenza dominante nel complessivo processo dell'interazione umana all'interno delle varie reti delle istituzioni. (..) Chi lavora nei media ha compreso che bisogna "giocare sui numeri" (..) ormai abbiamo accettato una cultura mediale (..) e che in larga misura la cultura dei media è intrattenimento.*

Queste le parole, più che mai attuali, dei sociologi Altheide e Snow (1979).

Sono tre le questioni principali che sono emerse in Italia, ma che in realtà si sono poi replicate in altri paesi europei come Francia e Spagna:

1 _ _ "Iperattività" del cittadino

Le misure di contenimento (lo stare a casa per settimane, lavarsi continuamente le mani, l'indossare mascherine e guanti usa e getta) sono sembrate in un primo momento essere la soluzione più efficace. I continui richiami alla ripartenza del paese da parte di sindaci e presidenti regionali, il voler tornare a dare spazio alla cultura, al commercio e far ripartire il mondo della scuola (es. *hastag #milanononsiferma*), quando ancora l'emergenza sembrava essere quasi assente nel nostro paese, sono stati tutti segnali di una risposta apparentemente forte del cittadino e della politica tutta, una reazione di fuga/difesa nei confronti della paura sfociata poi in panico collettivo. Uno studio del 2012 *Decison support for containing pandemic propagation,* basato su alcuni modelli matematici, a proposito di "strategie del contenimento" suggeriva la chiusura di tutte le strutture pubbliche per 8 mesi nel caso di diffusione di un agente patogeno. Tali misure sono state prese e comunicate in maniera lenta e frammentata e hanno generato in pochi giorni uno *shock* sociale e comunicativo.

2 _ _ Sovraccarico informativo

L'informazione di certo non ha aiutato.

Da un punto di vista narrativo si è passati una fase di lieve emergenza a una situazione di pieno "controllo" della malattia, pensando che questa fosse nemica solamente di qualche povero anziano già a letto da mesi, fino ad arrivare poi ad una piena crisi con un sistema sanitario al collasso per il grande numero di contagiati, giovani e vecchi.

La comunicazione conferma il suo potere nella società dell'informazione, soprattutto quando ha il compito di guidare una popolazione senza più controllo. L'informazione crea, distrugge, ricrea, modifica la realtà sociale. È vera, falsa, parzialmente vera, confusa, incomprensibile. Gioca con i numeri, diventa intrattenimento. Coronavirus è divenuto una serie tv, con varie stagioni, pubblici diversi che agiscono e reagiscono diversamente, impossibile da non seguire e commentare online ed offline.

3 _ _ Il tramonto dell'autorevolezza della politica italiana

C'è stato un sindaco che pensava alla propria comunità locale, l'opposizione che desiderava un governo d'emergenza, il Presidente del Consiglio che chiedeva il massimo del potere politico. Chi ha chiuso le frontiere al nord e al sud. Chi ha rubato il gel Amuchina per le mani, chi ha indossato in diretta televisiva la mascherina di protezione. Chi ha confuso il razzismo con i protocolli tecnici d'emergenza. L'era del Coronavirus è iniziata, "peggio dell'11 settembre", hanno ripetuto i media nazionali ed internazionali. Serviva più responsabilità politica, un rallentamento della mobilità, più fiducia e chiarezza dagli operatori dell'informazione. Ma soprattutto coordinamento e cooperazione. L'idea che più informazione (o l'accumulo di informazione) produca verità è paradossalmente una menzogna. Quando non c'è direzione, ma improvvisazione e disordine, viene meno il senso. C'è chi chiedeva trasparenza, chi verità, ma queste due cose non sono identiche.

Le persone hanno avuto paura del nuovo virus non perché questo non potesse essere considerato un "nemico visibile", ma perché pienamente consapevoli della sua esistenza e presenza. Istituzioni e giornalisti sarebbero dovuti ripartire da questo punto: parlare e agire considerando che questa nuova malattia già da tempo esisteva al di là di ogni confine spazio-temporale, non era necessario vederla per raccontarla. Più si cercava di nascondere i numeri o cambiare la narrazione e il significato delle cose più cresceva il senso di *shock* e la paura.

Nella società digitale la comunicazione (politica e istituzionale) e i vari media sono da considerarsi linguaggi/ambienti di responsabilità nei confronti della società e per questo devono essere studiati e usati, anche strategicamente, ma in modo etico e senza improvvisazione.

Altro preoccupante elemento, preso poco in considerazione in quella particolare fase di crisi, ha riguardato le conseguenze psico-economiche di lavoratori, studenti, e intere famiglie. Nel mese di marzo 2020 nel giro di poche settimane un ragazzo di 19 anni ha decapitato la madre in seguito ad una lite, cercando poi di uccidere la sorella, a Milano un'anziana signora in fila al supermercato si è sentita male e cadendo ha battuto la testa, le persone attorno si sono subito allontanate sia perché impressionate dall'evento sia per paura di un possibile contagio, a Salerno una donna di 53 anni ossessionata dalle notizie sul coronavirus si è tolta la vita.

Le nuove restrizioni annunciate dall'ex Presidente del Consiglio Giuseppe Conte in merito al prolungamento della quarantena, la limitazione delle libertà di circolazione e soggiorno, di coltivare pratiche religiose, hanno aumentato di volta in volta da un lato un senso di solidarietà nazionale, dall'altro nuovi egoismi e violenze.

L'errore di comunicazione a livello istituzionale venuto a mancare più volte, anche nell'annuncio a tutta la nazione fatto il 21 marzo 2020 quasi allo scoccare della mezzanotte del sabato, fu quello di non fare alcun riferimento ad una data indicante una possibile fine della quarantena. Era chiaramente difficile prevedere la fine di tutto, molte misure prese sono state poi di nuovo modificate nelle successive settimane, ma avere una piccola certezza, una data a cui aggrappare la propria speranza di uscire fuori da questo tunnel, era importante in quel momento per ogni cittadino, anche se questa si sarebbe rivelata in seguito una totale illusione.

Da un punto di vista bio-antropologico l'uomo ha sempre avuto un disperato bisogno di avere dei punti di riferimento per organizzare la propria quotidianità, coltivare le proprie passioni, costruire relazioni e gestire i propri spazi vitali. Trovarsi di fronte a una comunicazione frammentata e confusa e a una situazione di emergenza globale che ha messo in crisi medici e istituzioni, così come il ritrovarsi a dover convivere in maniera forzata, ha creato forti stati di ansia e paura, nei giovani e negli adulti, nessuno escluso. E il senso di oppressione dovuto all'isolamento imposto hanno creato giorno dopo giorno episodi di violenza e fasi depressive, seguite da un calo dell'autostima individuale e collettiva. Non tutte le persone poi, costrette a stare a casa, considerano il proprio ambiente domestico un luogo sereno, di confronto e di ritrovo la sera dopo una giornata di lavoro, in molti casi questo è, o diviene poi, uno spazio di conflitto, di violenza e di costante malessere.

Di fronte alle situazioni di crisi e di emergenza le persone reagiscono in modi e tempi diversi per scappare e difendersi (reazioni di fuga e difesa), soprattutto quando manca una guida autorevole e una comunicazione pubblica chiara; negli Stati Uniti dopo il secondo annuncio dell'ex Presidente statunitense Donald Trump in merito all'aumento dei contagi in tutto il paese, le code si sono create non davanti ai supermercati, ma di fronte ai negozi di armi. Violenza, egoismo e depressione sono tre elementi che in una simile situazione dovrebbero essere presenti già da settimane nelle numerose dichiarazioni pubbliche fatte da medici e istituzioni regionali e nazionali.

Molte regioni italiane hanno conosciuto il problema del sovraffollamento degli ospedali e della mancanza di mascherine e ventilatori: il sistema sanitario italiano ha risposto anche se con fatica, in maniera lodevole alla crisi, ma c'è stato anche un secondo scenario di crisi parallelo non considerato da subito in maniera adeguata, e cioè quello delle famiglie chiuse in casa che non potevano autogestirsi a tempo indeterminato. Si è pensato quindi da subito a come risolvere la prima fase d'emergenza, non riuscendo a guardare oltre la fase d'emergenza: le sue conseguenze economiche e psicologiche. Una crisi nella crisi.

Le grandi emergenze, in particolare quelle che hanno visto la perdita di centinaia di posti di lavoro, hanno registrato negli ultimi anni numerosi casi di suicidio e di autolesionismo anche a causa di una comunicazione vuota ed inefficace da parte degli Stati che non hanno dimostrato vicinanza e coraggio nelle scelte politiche ed economiche di fronte alla problematiche della propria comunità.

Molti scienziati descrivevano già scenari futuri caratterizzati da una maggiore sorveglianza negli spostamenti da parte dei governi, *smart working* per tutti e un livello maggiore di cooperazione e di solidarietà tra persone solo dopo una settimana di quarantena. In queste situazioni la prima mossa strategica è ripartire è riprogrammare una chiara e completa comunicazione pubblica, sfruttando anche la forza dei canali digitali istituzionali contrastando disinformazione e atteggiamenti complottistici online. Fondamentale è costruire una comunicazione che sappia vedere in maniera lucida la situazione emergenziale e prevedere allo stesso tempo le conseguenze dei provvedimenti che vengono presi.

Di fronte alle difficoltà economiche e nei casi di conflitto e emergenza lo Stato ha bisogno di recuperare autorevolezza per guidare una possibile crisi e comunicare fiducia e vicinanza ai propri cittadini, altrimenti corre il rischio di non essere credibile e di regalare spazio a disinformazione e complottismi.

Troppi virologi ed esperti hanno parlato in quella specifica situazione del virus, troppe discordanze sono state comunicate nei media: come già detto, l'eccesso di informazione non coincide mai con la verità. Occorrerebbe curare prima di tutto queste "ferite" mediatiche e istituzionali ancora troppo aperte. Una cosa certa però è riscontrabile all'interno di ogni situazione emergenziale che ha riguardato il nostro paese negli ultimi anni: internet è diventato un bene di prima necessità, e di conseguenza, l'informazione un bisogno primario di ogni cittadino globale, anche se non sempre ancora totalmente (e liberamente) accessibili in ogni angolo del mondo.

Secondo lo studioso Mark Fisher la salute fisica e mentale non è solo una questione sanitaria, ma è un problema principalmente politico e di accesso all'informazione. Dall'inizio della pandemia ogni arena istituzionale sembra affrontare l'emergenza secondo una propria logica (anche politica). L'arena scientifica, ad esempio, dibatte ancora sulla natura e sulla pericolosità del virus, cosi come l'arena mass-mediatica, lo spazio dell'infodemia, del sovraccarico informativo alimenta i conflitti istituzionali; vi è poi l'arena della burocrazia statale che ha rallentato l'arrivo dei finanziamenti a sostegno di famiglie e imprese italiane cosi come l'ottenimento degli strumenti sanitari (mascherine, guanti..) utili per la difesa personale e per affrontare la crisi sanitaria ed economica. Non c'è da meravigliarsi se poi recenti studi registrano un forte calo della fiducia nei media e nelle istituzioni. Allo stesso tempo si è notato come quelle forme di solidarietà che avevamo visto emergere tra un "concerto" al balcone, una canzone intonata su instagram e gli aiuti internazionali di varia natura, stanno via via scemando e mutando in maggiore ansia e rabbia collettiva. Quest'ultimo passaggio non è avvenuto per caso, ne è dovuto esclusivamente al sovraccarico di informazione, alla mancanza di strumenti tecnici o alle inefficienze degli interventi messi in campo a livello socio-sanitario. Ciò che è mancato (e sta mancando ancora) è un serio investimento in quelle che potremmo definire risorse simboliche. A livello europeo, per esempio, l'idea che non esista più un "noi" e un protocollo d'intervento comune in questo periodo di "solitudine globale", sta lasciando parecchie ferite dal punto di vista identitario. Nemmeno il numero delle vittime viene conteggiato allo stesso modo. Il fatto di svolgere negoziati, individuare strategie economiche che porteranno risultati entro il 2021/2022 o il rincorrere l'azienda che offrirà entro Natale il miglior vaccino sul mercato riguarda il piano degli interessi, ma non toccano l'identità (europea).

Siamo di fronte ad una serie di conflitti di scala che sono presi poco in considerazione. Chi si trova in una situazione di potere, firmando un documento, può cambiare radicalmente la vita delle persone, ma trascorrere la vita con esse o discutere delle strategie da adottare in maniera orizzontale influenzerebbe la decisione sul firmare o meno quel trattato o, nel caso specifico italiano, quel

Dcpm. La vita su piccola scala è in conflitto, in altre parole, con quella di scala più ampia; ciò che rappresenta un bene per una Regione italiana o un altro Paese europeo non necessariamente è un bene per chi abita in una piccola comunità montana al confine tra Austria e Friuli Venezia Giulia.

La complessità di un simile scenario dovrebbe sollecitare ogni singolo cittadino, a partire dalla istituzioni nazionali ed europee, a impegnarsi maggiormente nelle azioni di pianificazione e prevenzione comuni contro un virus senza identità, prendendo in considerazione la dimensione temporale "futura" dei fatti e degli avvenimenti umani. Durante una pandemia il pensare e l'agire in termini di futuro potrebbe addirittura divenire un impegno morale ineludibile, dunque non trascurabile; non ci si può, infatti, permettere di rischiare di essere travolti dai fatti senza cercare di governarli in maniera intelligente e con buon senso, così come non ci può più permettere che il "futuro" dell'uomo si verifichi in modo meccanicistico e deterministico senza l'intervento delle istituzioni prima, e del singolo cittadino poi.

Ciò significa pensare all'oggi in vista del domani, operare scelte oggi per cogliere gli effetti e procurare conseguenze domani, prevenire socialmente lo stress e la malattia, e soprattutto, "prevedere" gli eventi futuri, intellettualmente ed operativamente, in considerazione di un progetto di vita e di una qualità di vita voluta e desiderata.

E questo vale in particolare per le scelte politiche spesso troppo calibrate sulla base di dati incerti, conflitti regionali, interessi economici e *rumors* mediatici, oltre la scienza e la scientificità delle cose.

Nella società odierna la velocità e l'intensità dei flussi di comunicazione e d'informazione definiscono uno spazio mediatico che si affianca oggi allo spazio geografico, ma senza sostituirlo. È in atto un processo di de-territorializzazione dello spazio e del tempo: chiunque sia nato nella seconda metà del XIX secolo è un migrante perché si muove, fisicamente e virtualmente, da una cultura a un'altra, in maniera liquida, frammentata e partecipata. L'evoluzione del web ha creato uno spazio sociale privo di confini che agevola la comunicazione tra le comunità di immigrati geograficamente disperse in ogni parte del globo.

Per gli immigrati e i richiedenti asilo, per esempio, che provano ad entrare in Europa, sono importanti non solo le tradizionali infrastrutture (ferrovie, porti...), ma anche quelle elettroniche-digitali come gli smartphone, le app (programmi di traduzione simultanea, piattaforme di messaggistica), i social network.

Il possesso di uno smartphone da parte di un profugo non può essere considerato un gadget di lusso come continuamente viene narrato in maniera stereotipata nel discorso pubblico secondo logiche mediali di intrattenimento, ma rete internet e cellulare sottolineano la necessità di ogni individuo di essere connesso senza limiti spazio-temporali e di avere accesso a tutti i contenuti mediali offerti. Che ruolo hanno dunque i media nella mobilità umana e nell'immaginario dei soggetti migranti? Come cambiano e che valore assumono gli spazi di connessione attraversati fisicamente e virtualmente?

In un nuovo ambiente culturale e comunicativo fatto di scambi, di modelli frammentati e alternativi, stili interattivi inediti, che debbono la loro originalità ad un "nuovo ordine" mediatico-culturale e socio-economico (Appadurai, 2005), è possibile individuare due spinte opposte che configgono costantemente: la tendenza al pensiero unico, che si traduce in politiche tipicamente assimilazioniste nei confronti di altre culture (*global*) e la tendenza alla particolarizzazione (*local*) e alla diversificazione delle reazioni agli stimoli dell'ambiente che vanno ad accentuare le differenze culturali e identitarie, alimentando lo scontro tra centro e periferia, dove il primo cerca di assorbire e annullare le distanze multiculturali e il secondo si difende rafforzando la regionalizzazione dei contenuti culturali.

In questo quadro si configura il "nuovo migrante", o *cyber migrante*, un soggetto de-territorializzato che va a costruirsi identità etniche non autentiche, ma in grado ora di costruire progetti di vita multiformi e contingenti, adatti alle interazioni che caratterizzano la contemporaneità, utili dunque per abitare il mondo attuale e adattarsi a esso (Buoncompagni 2020, 2021).

I nuovi immigrati creano e riproducono relazioni sociali multiformi, connettendo società d'origine e d'insediamento in una sorta di "terzo spazio" che offre loro non solo l'occasione di superare le barriere geografiche, politiche e culturali, ma di sviluppare relazioni multiple (familiari, economiche, culturali) in uno spazio che incorpora la differenza come costitutiva dell'identità. Si attiva cosi una mediazione tra due mondi gestita dal migrante stesso che da un lato si sente a casa là dove c'è la sua famiglia, dall'altro però ricrea continuamente una serie di riferimenti all'interno del paese ospitante attraverso oggetti, pratiche e tecnologie della memoria.

La coscienza della diaspora implica, da parte dell'attore sociale, il riconoscimento di appartenere anche a un luogo di origine diverso da quello di residenza, la sopravvivenza alla diaspora è condizionata dalla capacità di conquistare due tipi di autonomia: saper mantenere la sua superficialità nei confronti della società ospite e prendere le distanze dalla società di origine per poter scegliere le proprie strategie di integrazione, nonché i propri criteri di identificazione e di Il processo del migrare, dipendente dalle interconnessioni internazionali e dai contenuti simbolici mediali, vede ora un nuovo protagonista, un nuovo soggetto sociale, nomade, cosmopolita, in grado di ri-definirsi, oltrepassando le barriere geografiche e culturali, supportato dalla potenza dei media elettronici (e digitali), in grado di immaginare il futuro e immaginarsi all'interno degli ambienti offline e online.

La portata dei media si estende ben oltre i confini nazionali di uno Stato: assistiamo così a una massiccia produzione di contenuti mediali transnazionali, distribuiti in maniera globale dall'industria dei media, destinati a differenti tipologie di pubblici, che agiscono su base mondiale (CNN International o BBC World) o regionale (per esempio Euronews).

È proprio grazie alla tecnologia digitale in particolare che le comunità transnazionali sono riuscite sia a mantenere dei legami interni alla comunità, sia crearne dei nuovi all'interno della nazione ospitante, tendendo unite sfere familiari-domestiche con quelle nazionali ed internazionali; in questo senso i nuovi media sono "distributori" potenti di contenuti transnazionali e ci offrono "la possibilità magica di essere in due luoghi allo stesso tempo" e "conquistare" la distanza (Scannell, 1996).

La trasmissione televisiva, per esempio, consente ad ascoltatori e spettatori di essere tanto "vicini" all'evento mediatico da un punto di vista esperienziale, quanto lo sono a ciò che accade nei loro ambienti fisici.

Ciò che muta è la geografia dell'esperienza della prossimità.

I media portano una pluralità di luoghi nel raggio d'azione dei sensi [...] stiamo consentendo loro (ai media) di infrangere il limite per cui una persona, in un dato momento, può essere soltanto in un luogo (Adams, 2009).

Scannell precisa che ci sono naturalmente delle differenze tra l'essere fisicamente presenti a un evento e l'essere coinvolti o catturati come spettatori televisivi, ma allo stesso tempo osserva che gli eventi pubblici ora accadono, simultaneamente, in due luoghi diversi: quello dell'evento stesso e quello in cui esso viene guardato e ascoltato. La trasmissione effettua la mediazione tra queste due localizzazioni.

Gli eventi pubblici, in questo modo, assumono un grado di complessità fenomenologica che prima non possedevano: il risultato è una connessione emozionale e un raddoppiamento del luogo. Audience e contenuti mediali ricoprono un ruolo fondamentale anche nel promuovere a livello simbolico, tenendo legate famiglie, culture e tradizioni, l'unità nazionale; la dimensione locale e quella globale si configurano come nuovi luoghi di aggregazione e ridefinizione delle appartenenze, aventi i caratteri di sfere pubbliche transnazionali e diasporiche.

La diaspora un tempo era tipica di un solo popolo, oggi è un fenomeno plurale; le popolazioni sono allo stesso tempo locali e globali, quindi non più delle comunità, quanto piuttosto delle "reti diasporiche" e questo permette alle culture e alle minoranze di sopravvivere, anche nello spazio mediatico.

Rispetto alla prima generazione di immigrati infatti, le successive si trovano ad affrontare un nuovo problema all'uso dei diversi media e al loro ruolo di ri-formatori delle minoranze culturali all'interno delle società che le ospitano.

Il risultato è:

un continuo movimento di dentro e fuori di identità e interessi che vengono mobilitati ed espressi attraverso uno spazio sempre più elettronico, ma che dipendono ancora dai movimenti reali delle popolazioni nello spazio e nel tempo, e da questi movimenti sono influenzati (Silverstone, 2002).

Così, nonostante la contemporaneità sembra oggi configurarsi tra nazionalismi, violenza e disuguaglianze, con i nuovi media è possibile iniziare a discutere di concetti, dal sapore forse ancora utopico, ma piuttosto interessante dal punto di vista sociologico, come per esempio "potere dell'immaginazione" e "diritto alla speranza".

Due forze, secondo l'antropologo Arijun Appadurai, che muovono i viaggi disperati dei migranti, ma anche la loro legittima aspirazione a cambiare in meglio la propria vita e le nuove tecnologie, potrebbero definirsi come ambienti in grado di accogliere e coltivare ogni possibile visione del futuro come fatto culturale, qualcosa cioè che può essere pensato, progettato e costruito. I mutamenti socio-culturali e comunicativi precedentemente descritti, in particolare l'avvento dei media elettronici e poi digitali, sembrerebbero aver favorito l'emergere di quella che Joshua Meyrowitz (1993) definisce una "cultura senza luogo", in riferimento sia ai ruoli sociali che le persone interpretano e alle questioni correlate all'identità sociale e della gerarchia, sia a quelle situazioni di interazione che sono caratterizzate da una presenza fisica non mediata.

L'importanza del luogo ha a che vedere con i grandi cambiamenti tecnologici che possono perfino rinforzare alcuni aspetti della relazione con l'ambiente fisico, gli stessi ambienti e scenari mediatici potrebbero preferibilmente essere pensati come "spazi sociali continui", spazi "vissuti o abitati" in quanto parte della vita quotidiana o a "luoghi di un certo tipo", dove esiste e si rafforza l'idea di cultura, dove c'è vita, scambio, perché il luogo ha a che vedere con soprattutto "l'abitare" (Moores, 2017).

Il geografo Yi-Fu Tuan afferma chiaramente che "il luogo […] è qualcosa di più della localizzazione […] della posizione di una persona all'interno della società" (Tuan 1996) e si costituisce quando una localizzazione viene vissuta abitualmente, quando si forma cioè un "ambito dell'abitudine" o "un ambito della cura […] le persone sono legate, da un punto di vista emozionale, al proprio ambiente".

Il luogo è una localizzazione familiare concreta, significativa che riempiamo di valore, un processo di "apprendimento" che ha a che fare con l'occupazione apparentemente irrilevanti dell'andare in giro con l'orientarsi negli ambienti della quotidianità, con il "trovare la strada":

Siamo in una zona della città che non conosciamo: davanti a noi si aprono spazi sconosciuti. Col tempo, ci appropriamo di alcuni punti di riferimento e dei percorsi che li uniscono, finché quella che era una zona sconosciuta della città [...] diventa un luogo familiare. Lo spazio astrattivo, privo di un significato altro dall'estraneità, diventa un luogo carico di significato [...] Ci sappiamo muovere [...] ci orientiamo (Tuan, 1977).

Si crea così "l'esperienza dell'ambiente" che via via porterà a un sentimento di attaccamento, in senso affettivo, al luogo attribuendo a esso "un senso", attraverso attività di routine (o performance abituali) come il sintonizzarsi sui programmi radio-televisivi del palinsesto, la lettura di romanzi, lo scattare delle fotografie, l'ascolto della musica: tutte pratiche che implicano l'uso di tecnologie mediatiche all'interno di ambienti ormai familiari. In questo modo anche il medium si fa "luogo": un ambiente carico di significato ed emozione, uno spazio vissuto, abitato, dove possiamo sempre ritornare attraverso l'uso ripetuto dello stesso mezzo di comunicazione.

La ripetizione e il ritorno, per Tuan, ci portano sia a sviluppare un legame duraturo con quella fotografia, con quel film o quella musica e allo stesso a coltivare l'abitudine a "dimorare immaginativamente" entro quelle determinate immagini e quei suoni che ripetutamente visitiamo.

Una volta che si costituiscono un ambito dell'abitudine o un ambito della cura, lo spazio del quotidiano comincia a essere percepito come familiare, cosi gli stessi ambienti mediatici.

È utile a questo punto far riferimento all'analisi sociologica proposta da John Urry, che individua tipologie di "mobilità interdipendenti" che producono vita sociale e organizzata a distanza:

_ spostamenti fisici: le persone si spostano coinvolgendo i loro corpi per questioni legate alla migrazione, alla fuga o al proprio lavoro;

_ spostamento fisico degli oggetti: riguardano le cose in movimento (souvenir, alimenti o dispositivi mobili) che il turista-migrante porta con sé, e definiscono l'esperienza e favoriscono il ricordo;

_ viaggio immaginativo: è consentito dagli usi dei media di comunicazione che agiscono nei sistemi sensoriali umani;

_ viaggio virtuale: una mobilità che avviene attraverso computer in rete e che ha creato nel tempo una prossimità virtuale e immaginativa;

_ il viaggio della comunicazione mobile: a tal proposito Urry propone due osservazioni. La prima riguarda "le culture degli incontri fluidi", la possibilità di comunicare a distanza tramite telefono cellulare, la seconda "la conservazione e il recupero degli elementi affettivi" navigando all'interno di mondi mobili.

Attraverso le tecnologie digitali possiamo creare e memorizzare nuovi contenuti che ci permettono di ampliare le nostre esperienze o rivivere quelle vissute, depositare umori e stati d'animo.

I migranti si muovono all'interno di uno spazio pubblico e interconnesso che viene ri-definito proprio dalle nuove tecnologie che rappresentano la loro condizione economica-sociale e attribuiscono significato alla loro mobilità, creano le condizioni inedite per forme di sperimentazione identitaria.

Il processo tecnologico ci aiuta ad attribuire senso al luogo e noi stessi e può (ri)creare culture, mobilità (fisica – virtuale – immaginativa) e comunicazioni di massa in grado di ostacolare anzi favorirebbero la fine dei non-luoghi, trasformando quegli spazi anonimi in luoghi significativi e di attrazione nella loro dimensione quotidiana online-offline.

Da non sottovalutare nell'analisi dei processi migratori connessi alle nuove tecnologie digitali sono i livelli di rischio riscontrabili anche nell'ambiente mediale attuale.

A prescindere dalla rotta, dal Paese d'origine e destinazione, chi decide di migrare rischia di imbattersi nel *racket* dei trafficanti di esseri umani che, nella maggior parte, dei casi decidono tempi, costi e modalità di un viaggio molto spesso improvvisato.

Recenti dati Europol (2016) mostrano come il 90% degli immigrati che arriva in Europa si affida alla criminalità organizzata per la logistica e il viaggio che generalmente avviene via terra con regolari mezzi pubblici o privato, bus, treni, camion o via mare (ad es. un gommone di 8-10 metri dove vengono imbarcate dalle 30 alle 40 persone); si stima, inoltre, che nelle rotte migratorie verso l'Unione Europea ci siano circa 250 *hotspot* illegali per la raccolta e lo smaltimento dei migranti.

Il *network* dei trafficanti copre oltre cento paesi: nel 2015 il giro d'affare nelle tratte di immigrati è stato di 6 miliardi di dollari e il costo medio pro-capite di un viaggio clandestino dall'Africa o dall'Asia verso il Vecchio Continente oscilla tra i 3 mila e i 10 mila dollari, i metodi di pagamento utilizzati sono i contanti (52%), *hawala* (20%), *money transfer* (2%), sfruttamento della manodopera immigrata (0,2%).

Le Nazioni Unite (2000) definiscono il traffico di persone come un'attività criminale organizzata, che ha luogo oltre i confini nazionali e che consiste nel reclutamento, nel trasporto, trasferimento o nella ricezione di persone, mediante la minaccia o l'uso della forza o altre forme di coercizione, di rapimento, di frode, di inganno, di abuso di potere, ricevendo pagamenti o benefici per ottenere il consenso di una persona che ha il controllo su un'altra persona, a scopo di sfruttamento della prostituzione altrui o di altre forme come quella sessuale, lavoro forzato o schiavitù compresa la rimozione e vendita di organi.

I trafficanti gestiscono questo business redditizio, facendo uso oggi anche delle ultime tecnologie disponibili per celare le loro attività criminali; il successo della Rete ha quindi fornito non solo un accesso rapido alle informazioni per il nostro mondo, ma suggerito modi più rapidi ed efficienti per far funzionare il crimine organizzato; secondo l'Fbi nell'84,3% dei casi i trafficanti usano Internet per la tratta di migranti e lo sfruttamento sessuale, pubblicizzando le vittime ai clienti su vere e proprie piattaforme (Lambruschi, 2019).

A partire dal 2015 la criminalità organizzata ha fatto ampio uso dei documenti d'identità falsi, consentendo a molti immigrati illegali di presentarsi come finti richiedenti asilo. Uno dei fulcri di questo *hub* di falsari internazionali, era il gruppo online formatosi attraverso Facebook (oggi oscurato), con oltre 120 mila iscritti e dal nome *The Travel's Platform:* all'interno della pagina venivano fornite indicazioni su percorsi da seguire, news dell'ultima ora sulle partenze e, soprattutto, mettevano in contatto trafficanti di esseri umani e potenziali clienti (Interpol, 2016).

Una volta concordati i termini dell'operazione, in poche settimane un qualsiasi soggetto di origine albanese o kosovara (a rischio di respingimento alle porte UE perché non vittima di guerre e non proveniente da paesi in conflitto) poteva provare ad entrare in Europa come richiedente asilo ed essere accolto come rifugiato *avendo* in mano un passaporto siriano.

Secondo l'Interpol (2016), da un punto di vista geografico, le vie del traffico di esseri umani coincidono con quelle che consentono il trasporto di droghe, armi e qualsiasi altro prodotto illegale, e all'interno di questo spazio, operano bande criminali che cooperano mettendo a disposizione servizi e basi logistiche come veri e propri attori "geo-politici policriminali".

Come ogni affare, anche quello dell'illegalità segue le leggi del mercato. Negli ultimi anni è aumentata la domanda da parte di immigrati che chiedono servizi e prestazioni per arrivare in Europa e l'offerta della criminalità non è tardata ad arrivare; tra il 2014 e 2015, infatti, la percentuale dei sospetti falsari è passata dal 3% al 18% e i documenti principalmente richiesti per gli immigrati non erano passaporto o carta d'identità, ma i *breeder documents* (certificato di nascita, matrimonio, permesso di soggiorno) utili per ottenere in modo fraudolento lo status di rifugiato per visti d'ingresso e permanenza di lungo periodo (Connor, 2017).

Da sottolineare come tempi e tariffe, cosi come le modalità di pagamento, imposte dai trafficanti, mutano continuamente a seconda delle vie di percorrenza per raggiungere illegalmente l'EU; negli ultimi anni la rotta balcanica e quella del Mediterraneo centrale sono state le più dibattute e ogni volta il *modus operandi* adottato è stato differente.

Per affrontare in modo efficace la criminalità e l'insicurezza, causata dall'emergere di fenomeni sociali difficili da governare (come ad es. l'immigrazione), le comunità hanno bisogno di essere consultate e coinvolte maggiormente sui problemi che devono affrontare ogni giorno.

Un compito che tutti noi potremmo cercare di attribuirci potrebbe essere, innanzitutto, quello di ristabilire ordine e chiarezza nella nostra comunicazione, avendone una maggiore "cura" (Couldry, 2015), sviluppando cioè la capacità di prevedere le conseguenze di quello che diciamo e postiamo nei social network ogni giorno, coltivando allo stesso tempo abilità di lettura e analisi critica di fronte a ciò che i media ci propongono, lasciando meno spazio alle emozioni a favore di un atteggiamento più riflessivo e aperto.

Un altro punto da considerare è il distacco, ancora troppo evidente, e un livello di fiducia e di collaborazione troppo basso tra forze dell'ordine, istituzioni e cittadini.

Coinvolgere la popolazione in un contesto connesso e multiculturale rappresenta una sfida complessa e tuttora aperta in termini comunicativi e istituzionali; tale atteggiamento di apertura potrebbe portare a una maggiore fiducia nel sistema politico e giudiziario attraverso forme e canali di comunicazione pubblica.

La Polizia, ad esempio, ha un ruolo fondamentale nella comunicazione con le comunità locali per prevenire e controllare il crimine, garantire ordine sociale e controllo costante; a tal proposito il ruolo dei social media e delle tecnologie della comunicazione potrebbero rafforzare e supportare tale compito.

Nella maggior parte dei casi le forze dell'ordine si sono unite al dialogo virtuale entrando nel mondo digitale e dei social media, rendendo pubblici e trasparenti i risultati raggiunti e il programma d'azione investigativo messo in atto contro le varie forme di criminalità.

La comunicazione pubblica delle forze dell'ordine si rivolge ora, con i linguaggi del web, direttamente all'utente, tenendolo aggiornato e rendendolo partecipe, ma rispettando sempre le procedure tradizionali adottate nei casi di crisi ed emergenza, passando quindi anche per i media tradizionali, organizzando comunicati e conferenze stampa, interagendo con giornalisti e istituzioni.

L'interazione tra polizie e pubblici, all'interno dei social, è utile non solo per tenere aggiornato l'utente connesso, ma anche per poter valutare informazioni e materiale multimediale che potrebbe rivelarsi utile nel corso delle indagini: foto, video, post o *tweet* sospetti, profili falsi; lo stesso utente può servirsi delle nuove tecnologie per segnalare o denunciare in diretta un comportamento deviante o criminale.

In realtà, il coinvolgimento della comunità è diventato una componente essenziale per tutte le unità anticrimine al fine di creare una vera e propria rete sociale ed investigativa che vada a coinvolgere direttamente Comuni, Regioni, scuole, servizi sociali, settori pubblici e privati.

I professionisti dei media, inoltre, possono contribuire con una narrazione aggiornata e meno spettacolarizzata, controllando le fonti e le pagine social ufficiali di Istituzioni e forze dell'ordine, educando il pubblico in merito alle strategie di prevenzione della criminalità e su come riconoscere i fattori di rischio.

Tuttavia i media possono influenzare negativamente in termini di percezione del crimine dell'insicurezza.

La spettacolarizzazione e l'esaltazione di un comportamento violento, spesso attribuito a soggetti immigrati, il dare poco spazio al racconto delle vittime, un *ethnic profiling* troppo sulla linea hollywodiana e poco realistico di un possibile colpevole, uno *storytelling* costruito ad *hoc* che ripercorre tutte le tappe di una serie di omicidi o attentati, ha generato nel tempo paure, sfiducia, egoismi, reazioni istintive.

Siamo in un periodo storico in cui comunicazione e la sicurezza pubblica necessitano di essere curate, addomesticate e intese come "sinonimi" di condivisione e cooperazione, come parte di una nuova cultura della sicurezza digitale.

Lo spazio mediato che abbiamo a disposizione è profondamente radicato nella dimensione dell'apparire, definita da Thompson (1998) "la nuova visibilità". Come si preciserà più avanti l'estensione dello spazio e l'enorme quantità d'informazione hanno reso l'ambiente mediale "sovra-saturo e instabile", per questo Gitlin (2001) utilizza l'immagine dei media come "torrente", un flusso saturo di elementi visivi e testuali che quotidianamente ci schiaccia e rende la società stessa poco equilibrata, provocando cambiamenti sempre più complessi nelle possibilità di organizzazione del sociale. Questo aspetto cosi come altre importanti questioni legate alla "creazione di miti" sul tema delle tecnologie digitali come l'idea di connessione, democratizzazione, libertà dell'informazione o quella di una maggiore armonia politica e proficua collaborazione tra cittadino e istituzioni, ci suggeriscono di procedere con cautela e ci mostrano alcune "ferite" che nemmeno internet, spazio pubblico e interattivo, sembra essere riuscito a lenire, anzi al contrario. La sua natura sembra sia essa stessa causa di tali problematiche attualmente aperte.

_ _ _ *Fake news*

Facebook è solo uno degli ambienti digitali criticati ultimamente e definiti "tossici" perché capace di indirizzare il traffico e le azioni in Rete verso siti web che pubblicano notizie false. Per affrontare "l'epidemia" di informazioni false, l'azienda sta lavorando da anni per eliminare o segnalare tutto ciò che non è informazione e che potrebbe, quindi, influenzare le nostre percezioni e comportamenti (attività di *fact-checking*).

Nel frattempo gli utenti possono iniziare a fare la loro parte per frenare la diffusione di informazioni false. Facebook offre inoltre agli utenti la possibilità di nascondere tutti i contenuti dalla persona o dalla pagina che ha postato il determinato *link* falso o bloccarli del tutto.

Per partecipare correttamente al processo di segnalazione e per aiutare ad eliminare la disinformazione, abbiamo bisogno di educare noi stessi su come individuare la notizia falsa. Facebook descrive una notizia non vera come "volutamente falsa o notizia ingannevole " o "bufala smentita da una fonte affidabile".

Un gruppo di studiosi della Stanford University ha scoperto come minori e adulti abbiano evidenti difficoltà nell'individuare le bufale, anzi, nella maggior parte dei casi credono fortemente a ciò che consultano in Rete perché i contenuti stessi si presentano attraenti e inediti, emotivamente coinvolgenti soprattutto nei contesti di crisi come quelli precedentemente segnalati.

Sono totalmente incapaci di discernere notizie reali da notizie o la pubblicità non vere, ma questo è un problema anche insegnante o dello stesso giornalista professionista.

Ecco alcuni consigli per "alfabetizzarci" dal punto di vista digitale, per riconoscere le false notizie e fermare il circuito della disinformazione:

_ *Controllare la fonte è un buon punto di partenza.* L'articolo ha senso o si fanno affermazioni esagerate? Questo presenta una struttura incerta e uno stile piuttosto stravagante?

_ *Andare oltre il titolo.* Le notizie false vengono amplificate anche perché i lettori, distratti dal sovraccarico di contenuti presenti online, non leggono oltre il titolo o il paragrafo iniziale, prima di decidere se condividere o meno un articolo. Talvolta chi pubblica notizie false sfrutta a suo vantaggio questa tendenza, scrivendo l'inizio della storia in modo puntuale per poi farcire il resto dell'articolo di informazioni palesemente false. In altri casi spulciando l'articolo ci si rende conto che in realtà la storia raccontata non ha niente a che vedere con il titolo oppure non fornisce informazioni che ne sostengano il contenuto.

_ *Controllare data e ora di pubblicazione del contenuto.* Un altro elemento diffuso delle *fake news* è che vecchi articoli, o eventi passati, possono riapparire e portare gli utenti a credere che i fatti riportati siano appena accaduti. Controllare l'ora di pubblicazione è un'altra cosa che i lettori possono fare.

_ *Chi è l'autore?* Cercare l'autore dell'articolo può svelare tantissime informazioni sulla fonte. Rovistando tra i precedenti articoli di quell'autore è possibile scoprire se si tratta di un giornalista valido oppure di un ciarlatano.

_ *Verificare i link e le fonti utilizzate.* La mancanza di fonti per le affermazioni riportate indica in maniera lampante che il post è probabilmente falso. I siti fasulli possono anche fornire diversi link a siti che sembrano confermare quanto riportato, ma che in realtà continuano a diffondere disinformazione. Sarebbe bene che le affermazioni supportate dai *link* provengano davvero da fonti attendibili.

_ *Fare attenzione a citazioni e foto discutibili.* Per gli autori di bufale è semplice inventarsi citazioni false e perfino attribuirle a figure di spicco. Siate scettici se vi trovate di fronte a citazioni scioccanti o sospette e verificate che siano state riportate altrove. Allo stesso modo, è facile prendere la foto di un evento ed attribuirla ad una diversa occasione. Le immagini possono anche essere alterate. Una ricerca "a ritroso" dell'immagine, attraverso Google o strumenti come TinEYE, può aiutare a risalire alla sua fonte originaria.

_ *Attenti ai pregiudizi di conferma.* Spesso le persone vengono attirate da storie che corroborano la loro visione del mondo o il loro pensiero su determinati argomenti. Le notizie false non fanno eccezione: molti degli articoli che rientrano in questa definizione sono programmati per innescare una reazione emotiva nei lettori e agire sulle loro convinzioni.

È importante verificare che le notizie siano basate sui fatti, anziché condividerle perché supportano un aspetto di una determinata discussione o danno man forte a convinzioni politiche preesistenti.

_ *Verificare la notizia.* Se una storia vi sembra sospetta o annuncia la rivelazione di notizie importanti, verificate che ne stiano parlando anche altre testate.

_ *Condividere implica responsabilità.* Sviluppiamo quella capacità critica oggi necessaria. Naturalmente, se avete qualche dubbio sulla veridicità di un articolo, non condividetelo solamente perché "vi piace"... alimentiamo cosi la disinformazione!

_ _ _ *Cyber-bullismo*

Uno studio recente condotto da E. Copeland, professore di psichiatria e scienze comportamentali alla Duke University, ha confermato come il bullismo colpisca il funzionamento a lungo termine di una persona. La vittima di bullismo, infatti, può sviluppare forti disturbi e disagi psicologici che influenzano il suo sviluppo e questi non scompaiono affatto con la crescita, al contrario, si radicano nell'individuo influenzando cosi dinamiche psico-emotive, relazionali del soggetto. Recenti dati del Telefono Azzurro evidenziano una forte crescita nelle scuole italiane dei casi di cyber-bullismo (oltre il 70%), una vera e propria emergenza sociale. La maggior parte delle vittime cerca di soffocare il dolore nella violenza nel silenzio, diventano bulli a loro volta, commettendo atti di autolesionismo o scegliendo tragicamente di togliersi la vita.

Perché è dunque importante contrastare il (cyber)bullismo? Innanzitutto il bullismo fa male a coloro che lo subiscono: aumenta la solitudine, l'insicurezza e la vergogna di raccontare quella sofferenza che aumenta di giorno in giorno, inoltre fa male a coloro che lo compiono: il bullo è la prima vittima di questo processo di violenza. Chi compie atti di bullismo si illude così di risolvere i problemi con la prepotenza, non mostrando mai chi è veramente, scambia la paura per rispetto e approvazione.

Il bullismo fa male poi a coloro che assistono senza far niente: il gruppo è il "motore" dell'azione violenta. Gli "spettatori" e gli "aiutanti" del bullo non sanno di avere una grande responsabilità e un'enorme potere situazionale: potrebbero interrompere il circuito violento una volta per tutte, ma scelgono di adattarsi e partecipare, piuttosto che divenire a loro volta vittima. Il bullismo non è mai un'azione isolata, ma pubblica e ripetuta: ha bisogno di spazio, pubblico, partecipazione, tempo, è un'azione che si alimenta anche nei media digitali, coltivando sempre più una cultura dell'odio che oltrepassa il dialogo e il confronto. Inoltre in Rete oggi si può sfruttare la natura interattiva dei media, crearsi nuove identità e agire per vendetta o divertimento con azione di *flaming* (violenza verbale) ed *exsclusion* (esclusione dai gruppi online) che raddoppiano l'effetto di disagio e i disturbi psico-fisici sulla vittima.

Come contrastare questo fenomeno? Come un genitore può intervenire? Cultura, educazione e la *media-education* sono gli strumenti che possono aiutare a ridurre la violenza: diventa così fondamentale conoscere le dinamiche del fenomeno bullismo, sviluppare consapevolezza e competenze mediali digitali, riprendere in mano lo strumento della comunicazione e dell'ascolto. Il genitore deve "semplicemente" continuare a svolgere il suo ruolo, essere consapevole del fatto che il principale compito è quello di sostenere i propri figli. Come? Interessandosi al comportamento dei ragazzi… anche in Rete. Viviamo in una realtà complessa, sociale e virtuale, osservare il comportamento non verbale del proprio figlio non basta più. Chiaramente è importante non tralasciare gli "indicatori post-violenza" tipici degli adolescenti: scarso appetito, materiale scolastico perso o rovinato, richiesta di denaro, sonno agitato ecc. in Rete oggi passano la maggior parte del loro tempo ed è lì che modificano le loro abitudini, comportamenti, stabiliscono nuove relazioni.

Educare ai media, con i media e grazie ai media digitali è uno dei "nuovi compiti" del genitore 2.0. Per prima cosa però è necessario che l'adulto conosca il mondo dei social, adotti un *mirroring verbale* (strategia di rispecchiamento) al riguardo con il proprio figlio: adottare il suo stesso linguaggio e studiare le sue pratiche mediali (uso di *app, like*, tipologia di social media ecc..). Questo aiuta a stabilire una comunicazione più efficace e una relazione fondata sulla fiducia. Esplorare il web insieme può essere una buona soluzione, non basta più l'applicazione di "filtri", l'adozione di qualunque mezzo di difesa e di controllo, non si è detective privati ma genitori.Internet va considerato come uno strumento aperto, d'inclusione e accessibile a tutta la famiglia, si può in questo modo parlare apertamente con i figli anche dei rischi presenti durante la navigazione, come bloccare chi ci infastidisce, non fornire dati personali e così via. Un altro punto è più che mai necessario sottolineare: l'importanza di condividere raccomandazioni per un uso più sicuro della Rete, ma soprattutto sottoscrivere insieme una "carta delle regole di comportamento".

La studiosa e scrittrice J.B. Hofman parla di *Irules* per educare "figli iperconnessi": un ritorno alle regole aiuta a sviluppare un processo che parte dal monitoraggio tecnologico che il genitore fa verso il figlio, per arrivare all'automonitoraggio da parte dell'adolescente. Questo è il modo migliore per vincere le sfide quotidiane: la trappola in cui cadono molti è la convinzione che le regole siano cambiate solo perché è cambiata la tecnologia, invece dobbiamo semplicemente applicare le stesse strategie e convinzioni anche alla dimensione tecnologica.

C'era un tempo e un momento ben preciso per giocare ai videogiochi e guardare la Tv, c'è un tempo e un momento preciso oggi anche per stare in Rete.

Ogni giorno, utilizzando i social media, ci imbattiamo anche per sbaglio in espressioni verbali violente (*hate speech*). L'odio verbale in Rete rappresenta una realtà che non si limita solamente alla dimensione virtuale, ma ha effetti concreti anche nella vita offline.

I social network rischiano sempre più di trasformarsi in ambienti tossici, in campi di battaglia, *"far west* virtuali" dove domina il conflitto, dimenticando cosi l'esistenza di un'etica, di regole conversazionali, nei processi comunicativi online ed offline.

L'odio sul web nasce dalla realtà e lì poi ritorna.

Bullismo, omofobia, odio politico e religioso, tutto questo diventa "cyber" e si trasforma in violenza verbale online, in azioni d'odio, le cui vittime sono spesso degli sconosciuti. Non esiste più, secondo Giovanni Ziccardi, docente di Informatica Giuridica all'Università di Milano, l'odio di una persona contro l'altra, ma ci sono migliaia e migliaia di persone che si coalizzano e condividono espressioni d'odio nei confronti di un singolo.Questo avviene perché la tecnologia ha annullato le distanze ed ha consentito anche simili comportamenti che appaiono nuovi, quantomeno nella loro ricorrenza. Internet ha equiparato le discussioni, basta che l'argomento diventi un *topic* di tendenza e arriva ad assumere un ruolo di primaria importanza nella panoramica online. L'istituzionalizzazione dell'odio porta a un aumento del livello di tolleranza che è facile da raggiungere, ma non da rimuovere e il rischio è quello di abituarsi a certi tipi di espressioni.

Ziccardi parla di "mercato dell'odio": l'*hate speech* crea flusso, interazione, diventa "moneta relazionale" e quindi crea profitto e consenso. La sua diffusione avviene attraverso tre fasi principali: volontà, incitamento e violenza. La domanda lecita a questo punto è: Come ne usciamo? Il professore propone tre soluzioni efficaci: diritto, tecnologia ed educazione. Capire le dinamiche interne al web, ritornare a ri-costruire le regole della comunicazione umana, saper riconoscere i reati d'opinione ricreando un quadro normativo di riferimento, potrebbero essere buone soluzioni per ritornare a confrontarsi civilmente anche all'interno delle piattaforme digitali.

L'*hate speech* è la nuova battaglia (cyber)culturale ancora in corso. Risulta evidente a questo punto del volume come quello dei social media sia un mondo piuttosto intricato e la stessa architettura della società digitale molto complessa. Sicuramente offre delle grandi opportunità culturali ed economiche, permette la creazione di nuove relazioni e l'accesso alla conoscenza, ma i rischi (tecnologici) e i pericoli non mancano. Opinioni contrastanti espresse in maniera confusa e violenta, caos informativo, condivisione illegale di dati, estremismi, terrorismi, tribalismi e polarizzazioni. Non dimentichiamo che i social media sono diventati un fenomeno di massa a partire dai primi anni duemila, ma la loro applicazione al mondo della politica, o meglio ancora, alla sfera pubblica, è piuttosto recente, se si paragona il *background* storico fatto di trasmissioni top-down da parte dei mezzi elettronici di massa come radio e televisione.

Nei loro primi studi, Andreas Kaplan e Michael Haenlein della Europe Business School, definirono i social media come "applicazioni Internet basate sui presupposti ideologici e tecnologici del Web 2.0, che consentono la creazione e lo scambio di contenuti generati dagli utenti".

La differenza tra i mezzi di comunicazione tradizionali, i nuovi media e il coinvolgimento di quest'ultimi nella sfera politica-economica è oggi sempre più evidente, dato che la produzione e il consumo di contenuti negli ambienti online sono immediati e relativamente a basso costo, mentre nei media tradizionali generalmente sono richiesti cospicui investimenti finanziari.

Secondo il sociologo Larry Diamond, inoltre, l'ottimismo che ha accolto inizialmente lo sviluppo dei social media ha già lasciato il campo al più nero pessimismo, e ciò alla luce della grave minaccia che l'utilizzo spregiudicato di questi strumenti starebbe portando alla tenuta delle istituzioni democratiche e, in fondo, alle libertà fondamentali.

Ad essere in discussione infatti non è tanto l'importanza e l'utilità dei nuovi media, ma i loro usi per scopi eversivi, violenti e criminali. La percezione diffusa è che i regimi non democratici sfruttino il lato oscuro di internet e le sue infinite potenzialità allo scopo di restringere la platea degli utenti ammessi alla navigazione libera, per controllare flussi informativi e pubblica opinione a livello globale, soprattutto nel periodo di crisi pandemica. Per questo le democrazie di tutto il mondo lottano contro il tempo per garantire che internet resti uno spazio libero, sicuro e che non si trasformi in un'arena globale di sorveglianza e di manipolazione. Quello che Diamond chiama "totalitarismo postmoderno".

In particolare, dopo gli eventi di Capitol Hill negli Stati Uniti, nel mese di gennaio 2021, un vero e proprio assalto politico postato *e* pianificato tra *echo chambers* e social network, l'Europarlamento ha deciso di rafforzare i propri sforzi per regolamentare gli ambienti mediali tutelando allo stesso tempo la libertà di parola, i diritti fondamentali e lo stato della libertà di stampa nell'UE, evitando censure, col fine di salvare almeno l'idea iniziale di Rete Internet come progetto di comunicazione democratica (già espressa dall'informatico britannico Tim Berners Lee).

Dal 10 febbraio 2021 l'Unione europea sta lavorando alla legge sui servizi digitali e alla legge sui mercati digitali, che includeranno regole più "rigide" per le piattaforme online e nuove soluzioni per affrontare i contenuti online nocivi o illegali, come per esempio il problema dell'*information disorder* (termine tecnico per indicare lo stato di disinformazione che erroneamente continuiamo a sostituire con la parola *fake news*)

L'aspetto interessante, e per certi versi inedito, emerso dal recente dibattito europeo, riguarda soprattutto il riconoscimento del fatto che, in piena infodemia mediale e sanitaria, parlare ancora di linee guida o decaloghi o peggio ancora di contro-narrazioni per comunicare (il) bene nei social network, sia abbastanza inutile. Effettivamente i risultati di questi anni sono stati piuttosto scarsi: cultura digitale, consapevolezza ed educazione mediale sembrano non essere più strumenti sufficienti.

La complessità del mondo digitale comporta la necessità di ri-pensare anche nuove legislazioni per comunicare e vivere eticamente e democraticamente la dimensione online, oltre alla costruzione di percorsi culturali ed educativi. Anche il mondo delle istituzioni ha finalmente compreso come le buone e le cattive pratiche (e politiche) digitali abbiano un impatto forte e concreto sul mondo reale; dunque, parallelamente alla responsabilità dei singoli cittadini-utenti, è urgente una legge (o più leggi) che definiscano procedure chiare d'intervento per limitare i livelli di rischio tecnologico. E tale compito spetta ai legislatori e all'Unione Europea che devono proteggere e garantire il dibattito libero e democratico sui social media.

Secondo la parlamentare europea *Marina Kaljurand (Estonia)* le attuali misure contro disinformazione e *l'hate speech* sono risultate insufficienti per contrastare l'attacco alla nostra democrazia (..) l'Unione Europea ha dato il buon esempio attraverso lo strumento del GDPR, ma ora dobbiamo andare ancora oltre".

Le nuove normative sui servizi digitali dovrebbero cosi aumentare la responsabilità attribuibile alle piattaforme online e chiarire come, quando e perché rimuovere i contenuti riconosciuti come illegali, e punire i comportamenti come i discorsi d'odio e l'incitamento alla violenza. Lo scopo è portare "ordine" e garantire forme di comunicazione e partecipazione democratiche attive, limitando il far west digitale.

Esiste un'unica realtà sociale che si estende virtualmente superando i vecchi confini spazio-temporali, un ambiente connesso e multiculturale, dove etica e morale vanno ri-scoperte e accompagnate da una chiara legislazione per proteggere i diritti dei cittadini mediali e le nostre democrazie.

Per questo motivo non possiamo invocare la censura di contenuti senza la decisione di un giudice, ma è necessario prendersi del tempo per valutare attentamente ogni singolo caso di illegalità che si verifica all'interno delle diverse piattaforme. La censura non è mai la risposta, anzi è il trampolino di lancio per lo sviluppo di nuove forme silenziose, patologiche e improvvisate di "libertà di espressione" e di pseudo-giustizia sociale.

Riprendendo le parole della Presidente del Consiglio portoghese, Ana Paula Zacarias, "ci aspettiamo che i gestori delle piattaforme online facciano la loro parte in questa lotta comune, ma ora tocca alle istituzioni democratiche, alle nostre leggi, alle nostre corti stabilire le regole del gioco, per definire cos'è illegale e cosa non lo è, cosa deve essere rimosso e cosa non dovrebbe".

Le scienze comportamentali suggeriscono come gli esseri umani siano più mossi dalle emozioni che dalla ragione, come noi tutti preferiamo mantenere intatti i nostri pregiudizi anche se ciò a cui crediamo si dimostra poi totalmente errato, come siamo sempre meno disponibili al confronto e abili *haters* (odiatori) davanti ad uno schermo.

In poche parole: ascoltiamo e comunichiamo non per capire, ma solamente per rispondere e confermare un proprio pensiero, evitando il confronto con il nostro interlocutore che sembra sostenere una tesi diversa dalla nostra. Alcuni sociologi, analizzando la dimensione comunitaria nel nuovo scenario digitale, riconoscono la nascita di nuove forme di legami che definiscono "neo-tribali": le modalità per sentirsi vicino a una persona ruota esclusivamente attorno ad uno stato emozionale comune: la simpatia. Tali formazioni chiuse, autoreferenziali, non hanno progetti comuni, non diffondono conoscenza, non sono classificabili come "intelligenze collettive e connettive", ciò che le muove è il semplice desiderio di sentirsi parte di un gruppo dove tutti la pensano allo stesso modo. Dunque non c'è confronto, ognuno vive tranquillo con le proprie verità nella propria "bolla culturale". L'utilizzo inconsapevole dei social media in questo senso rischia di essere utilizzato per costruire strategie difensive per deviare dall'eticità, per sfuggire al processo di negoziazione e condivisione necessario (per sua definizione) in un processo comunicativo-relazionale.

Paul Ricoeur, filosofo della comunicazione, affermava come fosse necessario individuare sempre una "situazione limite" in ogni cosa e cioè capire quando l'utilizzo dei social nutre o danneggia una società. Riconsiderare la dimensione etica e umana della comunicazione è un passo necessario; più che capire come comportarci nel nuovo ecosistema mediale dovremmo seguire tre principi/virtù che il filosofo ci suggerisce e che ogni individuo dovrebbe seguire e trasformare in pratiche mediali contemporanee (Silverstone 2009; Couldry 2015):

° *precisione*: capacità di mettere in campo risorse e accertarsi che quello che stiamo comunicando sia chiaro e preciso in modo da favorire *feedback*;

° *sincerità*: essere disposti a dire quello che effettivamente si pensa, creando confronto, partecipazione attiva e critica negli ambienti social;

° *cura*: saper "curare" le conseguenze della mia comunicazione; ogni contenuto messo in circolo può infastidire o interessare ed è necessario essere in grado di prevedere questo doppio effetto.

A quest'ultimo concetto potremmo legare quello di "ospitalità" espresso dal sociologo britannico Roger Silverstone (2009): nella nuova società mediale trasparente e connessa è d'obbligo imparare ad ascoltarsi e rispettarsi anche all'interno dell'ambiente digitale, attivare quel riconoscimento reciproco anche attraverso il medium, per non rimanere schiacciati dall'eccesso di (dis) informazione e di partecipazione.

Disintossicare il web ed educarci ai media è possibile a partire dalla creazione di un nuovo *storytelling* positivo e responsabile, che punti al bene comune e non all'autocelebrazione, all'ascolto dell'Altro e non al maggior numero di *like*.

La diffusione del bene moltiplica il bene, genera un nuovo ecosistema di sapere e contenuti che rafforzano il benessere e la coesione sociale. Oltre alla dimensione etica c'è un altro punto interessante: la gestione del tempo di conversazione. Il tempo all'interno del web è sinonimo di dialogo, strategia, azione e ascolto attivo, ma bisogna essere in grado di saperlo gestire e questo significa innanzitutto iniziare ad accettare che il contesto iper-medializzato in cui ci muoviamo si nutre di opinioni, stati emotivi differenti che devono diventare strumento di maggior confronto e negoziazione e non di odio e falsità.

La nuova competenza mediale da sviluppare riguarda la capacità di "compartimentale il nostro tempo di convers-azione", saper costruire una risposta sempre meno istintiva ed emotiva, ma più ragionata, approfondita, sincera, basata su una comunicazione assertiva e quindi chiara ed efficace senza bisogno di prevaricare il nostro interlocutore.

Questa è una sfida ulteriore della contemporaneità: prendersi tempo per conversare, anche in Rete, evitando il conflitto e le incomprensioni. Più che una cultura dell'emozione e dell'informazione il rischio oggi è quello di intraprendere un cammino verso una cultura dell'odio e della violenza, personalizzando in modo eccessivo la propria comunicazione prevaricando l'Altro. Fondamentale è rivalutare, riflettere e rieducarci a comunicare in modo corretto ed empatico. La comunicazione è dialogo, comprensione, condivisione tra individui di storie, caratteristiche, comportamenti, esperienze e visioni differenti della realtà. Per questo è importante conoscere i principi della comunicazione non violenta per alimentare il confronto ed evitare la violenza verbale in ogni momento della quotidianità.

Dobbiamo lo studio della Comunicazione Non Violenta (CNV) a Marshall Bertram Rosenberg, nato in Ohio, che dopo un dottorato in psicologia clinica presso l'Università del Wisconsin ha dedicato la sua vita professionale all'analisi delle nuove forme di comunicazione che possano fornire delle alternative pacifiche alla violenza. Nel 1984 ha fondato il Centro per la Comunicazione Non Violenta, un'organizzazione internazionale no-profit, che ha diffuso il suo linguaggio in trenta Paesi. Rosenberg spiega nel suo modello come i "nemici dialettici" possano tornare ad essere amici dialettici, come nel quotidiano professionale (e anche privato) la comunicazione possa svolgersi in modo costruttivo. Secondo il dott. Marshall Rosenberg il modello della comunicazione non violenta è una combinazione tra comportamento e tecnica: molti conflitti insorgono per una comunicazione male interpretata.

La comunicazione non violenta fornisce importanti impulsi ad interventi preventivi, finalizzati a individuare soluzioni ai conflitti che soddisfino tutti gli interessati, evitando di cercare compromessi che darebbero nuovamente spunto ad atti di violenza. La comunicazione non violenta aiuta a risolvere le controversie in maniera efficace e con soddisfazione di tutti e a trasformare - con rispettosa attenzione - i potenziali conflitti in colloqui chiarificatori.

Tale modello, sviluppato da Rosenberg, descrive quattro stadi:

1) *Osservazioni*

Le osservazioni fatte su una situazione devono essere espresse in maniera chiara e senza valutazioni e devono essere interpretate senza pronunciare giudizi. Nelle osservazioni non devono interferire i sentimenti, altrimenti valutazioni e giudizi sono inevitabili.

2) *Sentimenti*

Dar valore ai sentimenti: esprimerli chiaramente, senza attribuire colpe né formulare valutazioni. Usare parole cosiddette "emotive", come ad esempio ferito/a, ansioso/a, triste, entusiasta ecc..

3) *Esternazione dei bisogni*

Quando ci si esprime, spesso non si ha consapevolezza dei bisogni che si vogliono esternare. Una ragione di questo è che siamo cresciuti in una società in cui l'attenzione è rivolta all'esterno anziché all'interno di noi stessi e che quindi siamo staccati dai nostri bisogni.

Spesso, esternare i propri bisogni era ed è tuttora considerata nella nostra società una manifestazione di egoismo e sconsideratezza, mentre invece è importante averne coscienza se si vuole arrivare a comprendere gli altri. Quando si esprimono i propri bisogni e si ascoltano quelli degli altri, si scopre ciò che ci unisce e le barriere vengono abbattute. I conflitti trovano una soluzione se entrambi gli interessati sono in grado di far propri i bisogni degli altri.

4) *Esternazione di richieste specifiche*

Quando si ha ben chiaro in mente ciò che si vuole ottenere dagli altri, quando si parla, si arriva alla sicurezza e alla propria responsabilità. Non è necessario esternare alcuna richiesta specifica, deve solo essere chiaro cosa si vuole raggiungere.

Ognuno di noi è responsabile nel determinare le proprie reazioni nei confronti delle persone e degli eventi.

Una gestione costruttiva dei conflitti ci abitua a osservare con attenzione, ci insegna a riconoscere ciò di cui abbiamo concretamente bisogno in determinate situazioni e a esprimere chiaramente questo bisogno.

Nella società digitale tutto ciò sembra molto più complesso, ma è possibile agire in questo senso anche in Rete, "negoziando" all'interno di una *chat*, uscendo dalle nostre bolle culturali (pregiudizi) e aprirsi all'ascolto dell'Altro sfruttando la semplicità del web; è comunque importante conoscere le caratteristiche del nuovo contesto aumentato e pubblico, tenere ben presente che ogni azione online ha delle conseguenze sulla nostra quotidianità.

Le parole feriscono anche se passano da uno schermo e quelle stesse parole, che diventano oggi un tutt'uno con il nostro corpo, con la mente e con le nostre emozioni, si concretizzano e agiscono all'interno del contesto virtuale, creando un ambiente di solidarietà e cooperazione o uno spazio di odio e di conflitto. Ciò dipende dalle caratteristiche e dai pregiudizi tecnici dell'ambiente comunicativo, ma soprattutto da chi è presente all'interno di quello spazio di relazione.

I protagonisti del nuovo processo comunicativo digitale non sono solo i social media e il web in generale, ma sempre gli pubblici/attori/comunicatori con caratteristiche differenti, costruttori di relazioni e di conflitti.

Sono gli esseri umani con le loro fragilità, le loro paure, le loro (ir)responsabilità connesse.

Digital Networks
Appunti di sociologia digitale
di Giacomo Buoncompagni

postmedia books 2021
100 pp.
isbn 9798539808730

nella stessa collana

Gaetano Centrone | *Fuori dal museo. Esperienze di arte pubblica*
Marco Petroni | *Il progetto del reale. Il design che non torna alla normalità*
Giulio Alvigini | *Manuale per giovani artisti (italiani semplici)*
Eugénie Paultre | *5 conversazioni con Hans-Ulrich Obrist*

Finito di stampare nel mese di agosto 2021
presso *Sartoria editoriale*, Milano

Postmedia Srl
Milano
www.postmediabooks.it